活出自我
但别活得自我

娴 线 著

台海出版社

图书在版编目（CIP）数据

活出自我 但别活得自我／娴线著.—北京:台海出版社,2019.6

ISBN 978 - 7 - 5168 - 2369 - 9

Ⅰ.①活… Ⅱ.①娴… Ⅲ.①成功心理 - 通俗读物

Ⅳ.①B848.4 - 49

中国版本图书馆 CIP 数据核字(2019)第 102096 号

活出自我 但别活得自我

著　　者：娴　线	

责任编辑：王　萍	装帧设计：天下书装
版式设计：天下书装	责任印制：蔡　旭

出版发行：台海出版社

地　　址：北京市东城区景山东街 20 号　邮政编码：100009

电　　话：010 - 64041652(发行,邮购)

传　　真：010 - 84045799(总编室)

网　　址：www.taimeng.org.cn/thcbs/default.htm

E - mail：thcbs@126.com

经　　销：全国各地新华书店

印　　刷：三河市人民印务有限公司

本书如有破损、缺页、装订错误,请与本社联系调换

开　　本：880mm×1230mm　　1/32

字　　数：165 千字　　　　印　　张：8

版　　次：2019 年 8 月第 1 版　印　　次：2019 年 8 月第 1 次印刷

书　　号：ISBN 978 - 7 - 5168 - 2369 - 9

定　　价：42.00 元

目　录

一／活出自我，但别活得自我

二／摆脱焦虑，但别停止努力

三

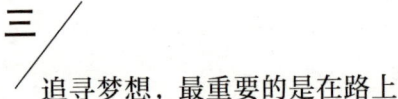

追寻梦想，最重要的是在路上

四

为别人着想，也为自己而活

五

活出自我，从改变自己做起

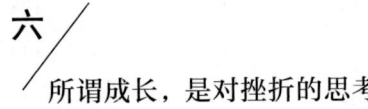

六

所谓成长，是对挫折的思考

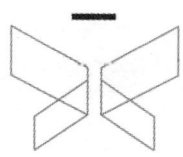

活出自我，但别活得自我

学会和解，是人生的自我救赎

01

今年中秋，我被朋友拉去她家吃团圆饭，有幸尝到我最爱的板栗炖鸡，酒足饭饱后，大家都围在电视机前看晚会。

央视中秋晚会张凯丽、张可盈母女现身，携手演唱了一首令人感动又充满力量的《我想更懂你》：每次我想更懂你，我们却更有距离，是不是都用错言语也用错了表情；其实我想更懂你，不是为了抓紧你，只是怕你会忘记有人永远爱着你。

看着看着，听着听着，有湿润的东西在眼眶里打转转。歌词里唱出的故事和情感，像极了曾经的我和母亲，越是想要懂对方却越是远离彼此。我的青春没有张狂，甚至没有叛逆，但却有与母亲相处的挣扎。后来我才明白，在这段令人窒息的关系里，我们都没有勇气袒露真实的自己，她只演母亲我只演女儿。

我们都想活出自我，但往往活得自我，就忘了做真实的自己。

02

我一直都渴望长大，因为我天真地认为，只有长大才有资格与母亲施加给我的一系列不平等"待遇"抗衡，整个青春岁月里，我都在暗暗积蓄长大所需的力量。

乖巧、懂事、节俭、勤奋等褒义词是别人对我的好评，也是我用来包裹自己的软猬甲，但我心里常常被委屈充塞、被愤懑填满，在苦闷中颓废沉沦，又在倔强里生根发芽。

"重男轻女"像是一场瘟疫感染着无数的男人女人，母亲自然无法幸免。从小在一个多子女家庭艰难生存，受尽白眼和冷遇，所以她要把她承受的种种统统"施恩"于我。

没有感受到母亲的爱意，反倒是无尽的偏心。内心深处悄无声息爬满无数的毒藤蔓，那是对轻视女孩的大人们的恨意。这种情绪一直延续到我成年以后，因为它早已生根发芽。

"女子无才便是德"也像是一场瘟疫荼毒着无数的中国家长，母亲不幸就是其一。从小对念书充满兴趣却因家境贫寒而被迫辍学，所以她对我念书一事始终是持反对意见的。

家贫是阻碍念书的最好理由，砸锅卖铁送子女上学只在电视报纸上报道过，但是我把"念完初中就行了""念完高中就够了"统统当耳边风，自私地一口气念完大学。

眼里透着恨意，但恨意无处发泄；内心藏满压力，但压力无人诉说。我渐渐活成一个表面优秀、实则压抑的人，因为我打心眼里不痛快啊！

倔强要强的我，依旧在母亲面前扮演着不需要她操心，不需要她费力的乖女儿。而母亲在我眼中同样完美无瑕，家里永远一尘不染，经她手的事情都井井有条。

因此我常常有一种恍惚感，觉得和母亲之间好陌生，陌生到我们不敢看彼此的眼神，但家里边儿分明有母亲忙碌的身影，填补熟悉的空白。

我始终渴望着，与母亲来一场敞开心扉的彻夜长谈。

03

高三那年寒假，母亲帮一个亲戚看店，晚上在亲戚家住宿，她喊我去作陪。当时下了很大的雪，夜里很冷，母亲让我上她的被窝睡。

长达一周的共衾而眠，母亲知道我睡觉爱磨牙，问我是不是压力大；而我发现母亲睡觉会打呼噜，问她是不是有鼻炎。

有人说，知道自己很隐私习惯的人一定是亲密之人。此话看来一点不假，我和母亲连续几天聊天聊到后半夜，我想要的答案居然在那个寒冷的冬日里有了结果。

第七日，我拿私自加在母亲身上的两宗罪问她，自己是重男轻女的受害者为什么还要重男轻女？自己是被迫辍学的受害者为什么还阻止我念书？

当时的母亲满是错愕不解，她伸手关掉泛着黄光的床头灯，久久不语。等了很久，母亲缓缓开口："我从不认为自己重男轻女，你们都是我身上掉下来的肉，我承认我给弟弟的爱比你多，因为我是一个正常的人啊，正常的人都会有私心，但有私心不代表偏心。我劝你初中念完就上卫校，是想让你在医院上班当护士；又劝你高中念完去读个幼师，是希望你在幼儿园当老师，我从来没阻止你念书，而是希望你有个饭碗。"

那时的我，似懂非懂，但终于听见母亲说了那么两段掏心窝子的话，内心顿觉舒坦不少。现在看来，母亲完全没有束缚我，我去外省念大学找工作，甚至定居在异乡，她都尊重我的意见。她爱弟弟多一点是因为对弟弟有求，而给了我充分的选择和自由。

而母亲从来就不看重高学历学位，看重的是能够养活自己让自己过上安稳生活的一技之长，这种想法放在任何时候都不过时。女孩能够养活自己才是最重要的事情。

借着那次机会，母亲讥讽了亲戚、吐槽了父亲、抱怨了子女，第一次在我面前毫无隐瞒地袒露自己，但也仅仅那一次，因为她依然想做一个外表无限风光的母亲。

因为她明白，说出来的都是没用的，只有做到才是真的。高考结束的那个夏日，我渐渐学会了放下内心的芥蒂，开始习惯在母亲面前流露自己真实的情绪，喜怒哀乐由心而发，那些痛的记忆，全都留在回忆里。

只有活得真实，才能做真实的自己，才能看清自己的内心，才能做更对的决定。

04

青春给我莫名的痛，也让我张扬地笑。曾经我想讨母亲欢心，让她对我和弟弟一视同仁，但母亲却更加远离了我，因为我用错表情，我自以为是的倔强，母亲是不喜欢的，讨人欢心不该自己带着欢心吗？

曾经母亲想要更懂我，让我能理解她的所作所为，但我却想逃离得远远的，因为她用错言语，那打击人心的正直话语令我很厌恶，想要懂别人不该先掏心窝子吗？

原来我和母亲都用错言语和表情，其实我们都深爱着彼此。其实青春可以不叛逆不迷茫，乖乖听话，用心做事，崇拜积极励志的偶像，远离颓废有毒的垃圾人。

我们不懂是因为我们年轻，我们无法理解是因为我们幼稚，但我们最终都要跟稚嫩的自己告别。很多你绞尽脑汁无法明白的事情，许多你挖空心思无法接受的事实，最终都会在成长的某个瞬间令你幡然醒悟。而在那以前，你只管一心一意做事，遵从本心而活。

　　青春的主旋律依旧是奋斗，我从不曾怀疑。我的青春没有叛逆迷茫，但我依旧心累，因为我忘掉了做自己。当我终于与人和解，与自己的过去和解，勇敢地做回真正的我，接纳自己的同时也认可他人的时候，我终于为我的青春画上了句号。

　　青春可以有悔但不能酿成大错，成长可以有痛但不能迷失心智，我们依旧存有良知，依旧怀揣希望，奔跑着迎接未来。

拼尽全力，是对自己的人生负责

01

　　去年，一位以第一名的优异成绩考入我们院的师姐，在求学和生子之间，坚定地选择了后者。当时，颇为看重师姐的导师怀着失望和不满的情绪，丢给师姐一句话：你们年轻人做事总是这么冲动，从来都不考虑后果。导师说得没错，读研期间结婚生子的确有冲动的成分，所以才会面临两难的抉择，但既然做出了选择，便只能硬着头皮去做。

听说师姐在家一边带娃一边挣钱。她开了一家手绘网店，空余时间接单写稿子，周末孩子交给先生，自己则去一家设计公司做兼职供图。师姐一个月下来生活费绰绰有余，还能存些钱，照样无需过伸手要钱的低自尊生活，并且那家设计公司跟师姐签的是长期，未来师姐想转正办个手续就入职。

上次师姐回校参加同学会，有同学为她退学一事感到惋惜，师姐脸上没有表露一丝后悔的情绪，她说："如果在校求学，我会处处争强好胜，但既然回家生子，我同样不敢安逸如常。"

听到师姐这么霸气的回应，我知道自己听说的那些事都是真实的，师姐生孩子后付出的那些努力，也都是真实的。从一个人对自己负责的态度，完全可以窥探出她生活的样子。

成年人的世界里没有完美，只有不断地做出选择，不断地得到与失去。但不论做出哪种选择，对自己负责任的努力从来都是悄无声息的，默默挣钱、悄悄变美、暗暗提升，尽力变得更好。

他们不说，我们不会知道。因为他们努力的成果从不炫耀给人看，而只是对自己的人生负责。

02

高中时代，有段时间校园里突然刮起一阵流行风，大家称老师为"老板"。许是整日埋头书堆的同学想为枯燥乏味的学习添点鲜、加点料，"老板"很快风靡校园。

随之而来的月末总结班会上，班主任老师大动肝火，把全班同学狠狠地训斥了一顿："我再听见谁喊老师为老板的，一律请家长！"班主任老师说，老板是被雇佣者对雇佣者的称呼，学生称呼老师为老板简直是侮辱、嘲讽，学生不是为老师打工，是为自己的前途拼命。

当年我没有任何兴致参与其中，因为学校重理轻文，我既要随大流又要弥补天生愚钝的脑袋瓜，所以的确是在拿命拼前途。我的午餐时间只有五分钟，每次饭菜到手先混合，接着囫囵吞枣咽下，然后跑回教室，所有动作一气呵成；睡眠时间压缩到四小时，每晚熬夜做题到凌晨，关掉昏暗的小台灯，小心翼翼躺下，内心才能稍稍有些安慰。

可是，即便是这样努力，我的成绩依然没有多大起色。身边响起了两种声音，一种声音说"成绩差是因为还不够努力"，另一种声音说"再怎么努力也只是在做样子"。

只有我自己清楚，当时我的身体已到达极限。我若听从第一种声音，势必会令自己在默不作声中崩溃；我若在意第二种声音，势必会缴械投降前功尽弃。所以，我只听命于自己内心的声音，绝不允许别人的观点淹没内心真实的想法。

我甘愿拼搏只是想对自己的学业有个交代，我甘尝苦累只是想拥有一个看得见的未来，所以才一直努力拼搏。虽然最终没能从这场无硝烟的战场上凯旋，但我收获的远远胜过金榜题名。

学习是自己的事，所以才会想着处处争强好胜；工作是自己的事，所以才会物尽其用人尽其能；感情是自己的事，所以才会认真谨慎一心一意。我尽力将自己的生活安排得妥帖，不出什么乱子，不出多大意外，只是想给自己一个还算满意的交代，至少不会留太多遗憾、太多后悔。

03

大伟是个酷爱潜水的小伙，毕业那年有幸进入一家海洋馆上班。我们羡慕他可以天天和可爱的动物打交道，但其实他的工作是在动物休息睡觉的时候，潜到水底处理动物的粪便，观察记录水质等情况。

平日里的潜水和工作时的潜水，感受截然不同，前者是娱乐性质，自由自在，后者是带着任务去做一件事，跟玩乐完全不相干。

"有时在水底会感到压抑，我想那就是责任。"大伟说，"很多第一天去上班的新人都感觉被'骗'，他们不学着调节自己的心态，而是渐渐习惯了偷懒，甚至嘲讽那些勤快的同事，坚信能少干点就少干点，反正不会被开除。"

在工作中怀有"偷懒心态"的员工，不仅没有晋升的空间和希望，而且很快会把自己滚成一根"发工资的时候喋喋不休，干活的时候斤斤计较"的职场"老油条"。

很多人就是这样一步一步把自己打败的，很多时候你不愿意去尽力做好某件事，不是在害怕与众不同，而是不想对自己负责任而已。挣钱是自己的事，老板交给你的工作任务也是你自己的事。很多时候，觉得压力大、扛不住，也许只是因为能力还不够。当能力够了，自然便游刃有余。

歌德说："责任就是对自己要求去做的事情有一种爱。"正是因为这种爱，你才能从你努力从事的某件事中获得心灵的满足，这才是人生的意义所在。

心不甘情不愿的东西，人们从来都不屑于争取，只有自己看上的人、喜欢的事、心爱的物才舍得赴汤蹈火。所以，我们付出的每一分努力其实都是为了自己，使自己变得更好，让人生不留遗憾。

04

周国平说，在某种意义上，人世间各种其他的责任都是可以分担或转让的，唯有对自己的人生的责任，每个人都只能完全由自己来承担，一丝一毫依靠不了别人。

对自己的人生的责任，即是你的人生目标和生活信念，小到完成学业、工作挣钱、养活自己，大到买房买车、择一佳偶、生儿育女，并且目标达成初心依旧。

很多时候我们有做事的野心和能力，却缺乏扛事的责任与担当，或许说从来不去探究因果，总觉得自己所做的一切都是为了别人。其实，生而为人我们都是在为自己而活，为自己苟且也为自己拼搏，为自己沉沦也为自己奋发。

恋爱是你的事，失恋自然也是你的事。你尽力忘掉前任忘掉过去，不是在祭奠你们逝去的爱情，而是还自己一个自由身。就业是你的事，失业自然也是你的事。你辛苦奔走渴盼遇到贵人，不是别人赏你饭吃、赐你机遇，而是你需要养活你自己。得到是你的事，失去自然也是你的事。你拼命减少损失转亏为盈，不是舍不得失去只想要得到，而是对自己的人生负责。

努力从来不是为了给别人看，而只是在对自己的人生负责。对自己的人生负责任的人，从来都是悄无声息默默无闻，他们低调内敛不张扬、踏实谦逊不吹嘘，总是让人措手不及却又令人惊喜连连。

这才是人生该有的态度，才是努力最正确的方向，你不是为了别的任何人，而是为了你自己。

忠于内心，是做选择的第一原则

01

有段时间，一个在北京郊区工作的小学同学向我打探家乡县城的发展情况，她有回家创业的想法。我对房价、物价、工资等情况也只了解一个大概，无法给她更详尽的答案，我只知道像我们家乡所在的地方，即便是省会城市也比不上北京的一个郊区。

我问她："大城市的资源、待遇、前景样样比小城市好，你为什么想回家呢？"

她回我："父母年纪大了，身体不好，生活也诸多不便，我回家方便照应点。"

当年她拼命考入梦想中的北京城，临走前她的母亲千叮咛万嘱咐："毕业就回家，我只有你这么一个宝贝女儿。"六年本硕生涯结束后，她本想以一个体面的方式回到家乡的县城，回到父母身边，可是考博考公务员接连失败了，所以她留在了偌大的北京城。

"混个人样再回家"，"多挣点钱再回家"，失败后她这么安慰自己。

"我得再努力点，到时候把爸妈接过来。"现如今她这么安慰自己。

去年她在北京买了车，租了新房子，逢年过节便接父母去住几天，房子虽是租的，但分明有家的味道。

我知道她不会回老家了，她会在北京城待一辈子。因为她一直在为生活奔波，为梦想努力，只是换了一种方式。爱父母就一定得回到家乡陪在父母身边吗？不是的。你可以一边坚持着自己的梦想，一边孝敬着父母，为什么非得做出选择呢？

很多时候我们没得选，只能走一步看一步，但更多时候我们无需做出选择，因为当下即是圆满。做你自己能做的以及当下正在做的，不要纠结无需愧疚，因为纠结愧疚都是于事无补的瞎折腾，唯有利用好身边丰富的资源，让自己变得更强大更优秀，顺便你的亲人还能沾沾雨露。

02

今年国庆节，远在大城市定居的舅舅提前几天回家，又延迟几天返回工作岗位，在老家待了十几天，因为外婆生病住院了。在武汉一家大医院做完手术后，外婆恢复良好，目前在家安心养病。住院、手术、恢复前前后后花了一大笔钱，但舅舅一人全部搞定。

我陪妈妈去看望外婆，妈妈要给钱被外婆拒绝，外婆说："你自己留着补贴家用吧，你哥每月都给我打钱了，抽空过来陪我说说话便好。"

其实父母真正贪恋的，永远是儿女能陪陪自己。父母虽希望子女能陪自己，但更希望子女有房有车有存款有好的工作。因为舅舅在那座城市"混"得很好，有利于他创业的资源和人际关系，还结识了自己的终身伴侣，如今房车俱全，积蓄也不菲，外婆才肯接受儿子不在身边的事实。

但不在身边不等于不尽孝，在身边不尽孝的倒是很多。小时候我总觉得舅舅狠心，将自己的母亲丢给我妈一个人，我妈也有自己的家要操持，现在我觉得舅舅做得很对。

他在抓住机遇利用资源成就自己的同时，也在尽孝啊，并且风光敞亮。外婆每月的生活费都要赶超我妈的工资了，如今外婆八十多了身子骨依旧硬朗。虽然谈物质和金钱经常会被别人说庸俗，但若没有物质的支撑，单纯的陪伴又怎能心安呢？

因为背后有靠山，所以才恣意享受。当初舅舅看似自私自利的选择，其实他内心已经认定那是最接近幸福生活的选择，是最能实现自身价值的方式。

我们想活得容易，不被道德观绑架，不被价值观束缚，我们就要听从自己内心的声音去做出选择，因为只有你自己够幸福，你身边的亲人才可能分得一杯幸福羹。

03

上大学时，寝室有个东北姑娘小敏，我们性格相似喜好相投，后来成为好朋友。小敏的姐姐远嫁后，她的爸爸常嘱咐她，一毕业就回东北老家。

当时小敏恋爱了，对方是南方人，父母既不支持也没有反对。越临近毕业小敏越焦虑，有好几次都在我面前哭了，因为，她觉得自己为了爱情留在南方很自私、很不孝，除非分手回老家。但她依然没有放松手头的事，依然在为考公务员做准备，直到接到省事业单位的录取通知，她才坚定了留在南方的打算，既是为爱情，也是为自己的美好前程。

如今，小敏和男友早已订婚，购置了房子和车，小敏说以后攒够了钱换个大房子，把老家的父母接过来，让他们来温暖的南方小城享享福。

我相信这不是小敏难以成真的梦，而是她未来一定会实现的心愿，因为她做出了最好的选择，自己认为对的、幸福的就是最正确的选择。确切地说，她没有做出任何选择，完全是被生活推着走，但她没有放弃努力，没有停止行动，没有丢掉目标，没有模糊方向，所以她得到了自己想要的。

爱情和亲情两难抑或其他任何事难以抉择时，我们非得要作出一个选择吗？不一定。有时我们所谓的鱼与熊掌不可兼得，不见得鱼比熊掌好，也不见得熊掌比鱼好。人的一生中，总会面临很多选择，没有哪种选择会比另一种选择妥帖，我们只需选最想选的那一个就好。选我所选，适合自己的才是最好的；爱我所选，使自己幸福的才是真实的。

很多孩子选择去外省念大学，毕业后留在了外省工作，接着结婚生子一辈子就待在了外省，当初说读完大学就回家的信誓旦旦早已烟消云散。

因为目标早已发生多次改变：念完大学就回家陪在父母身边，但是外省有更适合自己的工作；等工作几年挣够钱再回家陪父母吧，但钱是永远挣不够的，工作也不是那么轻易更换的；想着辞职回老家吧，但遇见了自己的爱人；想着结完婚再回家吧，但要抚养孩子；想着孩子长大再回家吧，但父母已经老去。

是我们自私自利白眼狼吗？不是的，我们只是做了顺其自然的事情。是我们枉顾道德背叛信仰吗？不是的，我们所做的都是最有利于自己幸福的事情。

父母之爱子则为之计深远。父母对子女别无所求，只希望子女能幸福，不管是陪在父母身边，还是相隔万水千山。我们常因伦理道德的约束和世俗价值的灌输，在能使自己快乐、利于自己幸福的选项面前畏首畏尾，觉得选了令自己快乐幸福的项，便是自私自利的表现。

所以我们常常失去了自己。在现实生活中，非黑即白针锋相对的两难困境几乎很少见，我们无需非得做出一个选择给出一个答案，学会多方面多角度地思考问题，或许问题根本不存在。

我们渴望实现自我成为自己，就要敢于抛开束缚丢掉枷锁，踏出第一步，即选择我们相信最适合自己、最有可能使自己幸福、最大程度令自己快乐的那个选项。

希望我们能跟随自身的引领，忠于自己，无需畏惧，迎难而上。终有一天，我们能够得偿所愿，因为我们远比想象的更有力量。

二十来岁，努力才是最该做的事

01

有人说，二十来岁是个尴尬的年纪，有人说二十来岁是个糟糕的年纪，也有人说，二十来岁最正常的状态是持续性混吃等死，间歇性踌躇满志，如此才不枉负青春一场。

我想说，二十来岁的我们，真的不知道哪件事是对的哪件事是错的，所以只能尽力去做好每一件事。

二十来岁以前，我们整天在书山题海里为了成绩苦苦挣扎；二十来岁以后，被成家立业这座大山压得喘不过气来。

二十来岁，是我们生命历程中最好也最美的年华。因为我们年轻有资本，年轻的最大好处就是有前途。

比尔·盖茨说，年轻人欠缺经验，但请不要忘记：年轻是你最大的本钱。

02

大学刚毕业那会儿，我和一个叫刘莹莹的女生同时进入一家食品公司的研发部，最开始大家对她印象不算太好。每次培训老师指导完我们的操作，就回到办公室休息了，而刘莹莹一有不懂的问题，就跑到办公室缠着老师问个不停。

后来转正的时候，几乎所有人都出现了或多或少、或大或小的失误，只有刘莹莹是零失误。刘莹莹说："我没懂的，就得在老师上班时抓紧时间问清楚，不然以后就没时间了，下班和周末我绝对不会打扰他的。"

"不然以后没时间了。"一语惊醒梦中人。我们总以为时间很多，多到可以漫不经心、肆意挥霍，殊不知只有抓紧时间学习的人，时间才会回报他。

每次和刘莹莹一起挤地铁回住处的时候，我在补睡眠，她则抱着手机背单词。我说毕业后学英语没用，结果那次国际交流展会公司派她作为研发部代表去推广公司的产品。

每次回到住处，我往沙发里一窝，半躺着放松自己，刘莹莹则摆上瑜伽垫练起了瑜伽。我嘲笑她真有劲，她说自己练的是阴瑜伽，放松全身的。

抓住一切时间请教老师提升自己，抓住一切时间学习英语充实自己，抓住一切时间享受瑜伽呵护自己。刘莹莹，惜时如金。

回头看看自己，同样是二十来岁的年纪，这也不会那也不懂，没有能力没有优势，只等着时间悄无声息地改变自己。

殊不知时间是最残忍的，它不用告诉任何人就可以改变一切，包括夺走二十来岁的青春年华，去到庸碌无为的中年。

二十来岁，最该做的事是惜时，把时间掰成分掰成秒来过，利用一切可以利用的时间充实自己，提高自己，遇见未知的自己。

03

在尝到自力更生的甜头以前，我是个穷得总习惯讨好父母、闲得永远不知道痛痒的年轻人。讨好父母可以在我每个月入不敷出的时候收留我，塞点生活费接济我。闲得不知痛痒是因为我常常迷茫不知所措，没有任何生活目标。

当时我最渴望的事是快点成熟起来，快点遇到对的那个人，快点度过我的二十来岁。我又穷又闲还这么年轻，不是折磨人吗？那时的我，不知道该做些什么才算是有意义的事，更别提实现人生的价值。

直到那个国庆节，我照例跑回家蹭吃蹭喝蹭生活费，却发现我爸一动不动躺在床上，睡着了眉头却紧皱，很痛苦的神情。

我妈说："刚给你爸翻了身擦了澡，这会儿睡着了，我们瞒着你你爸在工地上摔伤的事，是怕你担心。"

我不知道我爸做手术花了多少钱，也不知道我爸要在床上养多久的伤，假期结束回去上班的那天，我拒绝了我妈塞给我的钱。

已经"学有所成"了，我还像读书时那样管爸妈拿生活费，我觉得很可耻。那次回公司以后我找了一份兼职，在生意火爆的烧烤城端盘子。

晚上回到住处又累又困，同事劝我别做兼职了，理由是又累又丢脸。"有正式工作的年轻人，就不能去夜市端盘子？"我翻了一个白眼，"的确很累，但可以挣到钱。"可以挣到钱，不向爸妈要，是我去做兼职的勇气。二十来岁的年纪，不想亏待自己就要努力去挣钱，有了钱才能谈其他。

04

二十来岁，为什么闲得慌？因为有大把大把的时光可以肆意挥霍。张云可说，如果青春的时光在闲散中度过，那么回忆岁月将会是一场凄凉的悲剧。

在我看来，二十来岁的青春年华，是最不应该虚度的光阴，因为二十来岁是人生最好的升值期。我们总习惯误解"谁的青春不迷茫"，以为青春都是在迷茫中度过的。真相是，这是非常愚蠢的想法，"谁的青春不迷茫"正解是人在二十来岁的年纪，总会有迷茫的时候，而不是总迷茫。二十来岁就该惜时如命，抓住一切能抓住的时间充电，努力成为一个优秀的人，优秀的人不无聊。

二十来岁，为什么穷死了？因为花的钱都是父母辛苦打拼赚来的。很多年轻人之所以沉迷于购物消费，无非是不想亏待自己。

公司食堂没有外面营养餐好吃，满当当的购物车发了工资就开始买买买，却不幸沦为月光族。比月光族更惨的是，还得靠亲朋好友接济才能挨到下次领薪水。年轻人想摆脱月光族成为月光客，努力挣钱是最好的途径。只有经济独立才能善待自己，只有脱贫了才能谈其他，包括需要以物质为养料的爱情。

二十来岁的我们，不想又穷又闲，就抓紧时间充电，努力学会挣钱。当你把时间都利用起来了，哪里还有时间闲得发慌？当你经济独立了，哪里还用担心穷得可怕？

足够认真，才能活成想要的样子

01

第一次意识到自己和别人不一样是在小学五年级。

下课后同学一窝蜂离开座位，男生去操场上打闹，女生在教室外踢毽子，而我习惯了静静地坐在座位上复习。以前老师从来不刻意表扬同学，这次是一位代课女老师，她当着全班同学的面夸奖我学习认真，下课的时间都在学习。

当时听到老师的表扬，我涨得满脸通红，有点不知所措，放学回家大家果然躲我躲得远远的，他们并不羡慕谁铆着劲儿学习，他们只觉得大家都学习时学习，都玩时你也该玩耍，为什么要搞特殊呢？

我能做到前者，但实在没有心情做到后者，因为我和他们不一样。小时候，每学期因拖欠学费被喊到教室外面罚站的人，全班只有我一个，就如同每学期的期末颁奖典礼上一等奖也只有我一个一样。

举个不恰当的例子，就像去吃自助餐，我们拼命吃撑就是希望能把钱吃回来，而我花了"巨额"学费在学校，所以在学校的每一分钟都想用来学习，哪还有时间去搞特殊，哪还有精力去吸引别人的注意。

我之所以那么"认真"，只是境遇与别人不同。哪有什么与众不同，只是人生来不同罢了。我第一次体会到认真的意义，直面现实赐予的糟糕处境，坚持心底存留的一贯信念，不逃避也不觉委屈，不虚伪也不露痕迹，别人看到的，只有一个真实的我。

02

大学第一个暑假，我和同班的两个女生去了深圳一家玩具厂做暑假工，厂里高强度的体力劳动着实令我们吃不消。后来听说暑假工的工资是固定的，不像正式工那样计件，同来的两个女生便数着时间上下班。但我渐渐习惯了正式工人的节奏，每天尽可能多地完成工件，苦但有成就感，累却睡得香。

其中一个女生说："我们毕业后肯定不会从事体力劳动，那么认真做什么？"另一个女生抱怨道："是啊，工资都是固定的，太认真较劲儿不值当。"

九月开学前几天，终于领了工资，我竟意外领到一份奖励，不多不少刚刚够来回车票。有人不满去找领班，领班后来将我们的工作表打印了出来，我的工作量几乎都达到了正式工的工作量。

所以，那份奖励是我该得的，是我拼死拼活换回来的，是我一心一意争取到的。我从未想过会有什么奖励，但我带着认真的态度提前尝试工作的辛酸，生活却给我带来意外的惊喜。

不是因为你想要什么才会认真去做，而是因为你认认真真做到了，才会得到你想要的，还可能有意外的收获，不模糊过程才会有一个不敷衍的结果。

这才是人与人的差别所在吧，自己心甘情愿的事才会认真以待，否则都是强迫和将就。可我们往往就缺了认真的态度，所以得到的也都是自己讨厌的。

那次经历让我更加明晰自己的内心，大学四年绝不敷衍自己，未来工作绝不混吃等死，我那么"认真"结果可能跟别人一样，甚至不如别人，但收获绝对多于别人。

活成自己喜欢的样子，凡事认真对待就足够。

03

有一次我的一个朋友要我帮忙填几份大学生问卷调查表，那是她的研究生毕业设计任务。我答应后又被琐事缠身，但在深夜临睡前，依旧详详细细将问卷调查填写清楚，每一个细节都不马虎。

　　室友说我太较真，问卷调查就是随便勾勾何必当真。其实我不是和问卷调查较真，而是我答应了朋友这件事，我就必须把这件事做好。

　　虽然没有交过多少挚友，但我从未与人交恶。我不敢说自己是一个靠谱的人，但我答应下来的事从不马虎，总会一丝不苟地完成，所以我从不轻易许诺。不在我专业范围内的求助，我自身力量达不到的支援，以及我无法胜任的请求，我统统拒绝。他们也不会生气，因为我能帮忙是真的，不能帮忙也是真的，我行事一向是认真的。

　　是因为不轻易许诺才成就了做事绝不马虎的态度，还是因为认真的态度造就了不轻易许诺的诚信，我也分不清楚，或许是相互感染吧！

　　我始终相信，你努力的样子会透露出你对待生活的态度，你待人接物的态度其实是你对待自身态度的反射，所以，你认真生活你的生活也会是真实的。感觉迷茫浑浑噩噩是因为虚度了光阴，交不到真性情的好朋友是因为自己戴了一副假面具，觉得生活欺骗了你是因为你没有认真对待生活。

　　只有你认真去生活，去交友，去学习，生命才会回馈给你真情实感，你才能看见真实的自己，不管是好与坏、差与优，你全都能坦然接受。

04

认真你就输了，其实是一句玩笑话，很多人却将此当作安慰自己的借口，殊不知此"认真"非彼"认真"。生活只会奖励真正认真的人，如同优秀、自律等诸多美好的品质一样，认真也是一种习惯，一旦养成，难以更改。

因为好习惯会近乎强迫症般黏着好习惯的主人，更像是一股无形的强大吸引力，让人不由自主去做某事。真正认真地去做一件事，没有理由做不好。

我从小写字绵软无力，握笔姿势不对，经常刺破手掌，但到高中时，班主任常常拿着我的语文试卷在全班传阅，横平竖直，一笔一画，干干净净，整整齐齐，我的字体保持到现在依旧没变过。

哪有什么捷径，任何好习惯不都是认真习得的？世上最可怕的一样东西便是"认真"，因为"认真"可以改变并成就一个人。

其实大部分时间里我都不喜欢自己，只有我认真做事的时候，我才对自己满意。因为那时的我常怀有一颗赤诚的心，能够清晰地看清自己的内心，我喜欢什么厌恶什么，我需要什么不要什么，我该接受什么又该拒绝什么，我该如何争取如何努力，这一切清清楚楚。

希望我们都能认真地活一回，活出自己喜欢的样子，那才是真实的自己。

与人为善，不是模糊原则不懂拒绝

01

朋友阿秋是个性格温吞柔软、安静内向的姑娘。实习期满转正后的阿秋，还是被同事们像新人一样使唤。

有个和阿秋年纪相仿，比她早半年进公司的同事，每次到点都会跑到阿秋身旁，把手头剩下的活儿交给阿秋。有个同事想吃一款糕点，阿秋踩着高跟鞋去距离公司有点远的一家西饼屋购买，结果因为赶时间把脚腕扭伤了。

"怎么不拒绝呢？"我有些气恼地问阿秋。

"我和西饼屋老板熟，所以……"阿秋忽然停了下来，叹了一口气接着说道，"我觉得搞好关系，大家和谐相处最重要吧。"

我想起《我的前半生》里贺涵对进入职场的罗子君说过这样一段话：记住你是来赚钱的，不是来交朋友的，当然，能交到朋友是惊喜，交不到才是正常。

你是来赚钱的，不是供人使唤的。害怕得罪人而任人使唤，这种放低姿态的模样只会更加不讨人喜欢。别人可能就是让你帮忙录个表格、打印几份文件，几分钟就可以搞定，但若害怕得罪人而不懂得拒绝，别人会使唤上瘾，由一开始的心存感谢变为理所当然。

不想得罪别人，所以什么事都逆来顺受，这种做法看似与人为善，实则任人宰割，只会更加让别人瞧不起你，因为你没有原则不懂拒绝。

02

很多时候，你越不想得罪别人，越在无形之中得罪人。

小时候家里并不富裕，但来家里借钱的亲戚朋友，母亲总会好生招待，绝不让他们空手而归。母亲如此心善，做事如此妥帖，但仍得罪了不少人，因为借的钱有多有少。

母亲说，任何事，能忍的，忍一下就过去了；任何事，能让的，让一下，也没有什么损失。在母亲忍让的性格和潜移默化的影响下，我也变得不愿得罪任何人，享受大家一团和气、其乐融融的感觉。我成了大人眼里听话懂事的乖孩子，同龄人眼中性格友善的好姑娘。

我以为所有人跟我想的一样不会有纷争，天天吟唱着我们都是好孩子，直到发生那件令我醒悟的大事，我才开始改变我的态度。

高二那年寝室空出一个铺位，一个叫玲的女生跟我商量住了进来，她说原先寝室的人都欺负她，后来我才知道她手脚不干净并且不讲卫生，不尊重他人隐私。室友珊珊和另外三个女生都看不惯玲，在玲偷珊珊生活费被抓现行后，她们决定让玲卷铺盖走人。

珊珊和另外三个女生，将玲的铺盖行李统统扔到了寝室外，只有我呆呆站在那里没说一句话，没扔一件东西。我既不想得罪玲，也不想得罪我的室友，但是无形之中我得罪了双方，看似两不相帮都不得罪，但在她们看来我已经站好了队。

后来珊珊和其他室友都不怎么理我，我感觉到她们渐渐疏远我，最后我被孤立。不想得罪别人，看似心地善良，实则不懂变通，只会让大家越来越远离你，因为关键时刻你站错了队。

03

很多时候，你越不想得罪人，越体现出你的随波逐流、毫无主见，因为你没有特点，别人自然就不会喜欢你。

有个经常找我聊天的学妹，长着一张人畜无害的天真容颜，按理说人见人爱，可大学快毕业了她没有交到一个知心朋友。

学妹像极了曾经的我。她觉得大家相处其乐融融的状态，是最舒服的状态。寝室讨论出现意见分歧她几乎从不表态，最后学妹渐渐被室友遗忘。

她跟我讲了一件小事，有个室友选好了一款价格昂贵的大衣，纠结衣服颜色，大家意见不统一，需要学妹投上关键一票的时候，她说都行。诸如聚餐去哪家饭店、中午食堂吃什么、周末爬山或游园，学妹既不支持多数也不反对少数，自己也不表态，她说得最多的一句是都可以、都行。

学妹觉得表态就会得罪人，总习惯说好，自己没任何意见，殊不知越是这样越让人觉得敷衍，索性不再问她，渐渐把她忽略了。

不想得罪别人，看似人畜无害，实则没了个性，只会让大家觉得你很没劲，因为你没有自我，从不表态。

04

为什么你越不想得罪别人，越没人喜欢你？因为有些得罪是你以为的，很多时候那不叫得罪，而只是人性的弱点。你不懂拒绝，没有自己的想法，更没有所谓的原则，别人瞧不起你还来不及，又怎么会喜欢你？

你关键时刻站错了队，导致两边不讨好，别人对你的印象自然大打折扣，所以，你的温和必须带着原则，你的善良最好露点锋芒，否则真的等于零。

你没有自我，从不表态，所以逐渐被忽略，毫无话语权，你那么无聊又无趣，别人怎么和你做朋友？很多时候，我们越不想得罪人，越会在无形之中得罪人，被你得罪的人自然不会喜欢你，更不可能和你成为好朋友。

有人说，人这一辈子千万不要得罪人。然而我们更要明白的是，有些不该忍让的人也不必事事忍让。三番五次欠钱不还还有理的人，你还想继续忍下去吗？背后议论纷纷诽谤你的人，你还想继续装聋作哑吗？故意针对你给你难堪的人，你不想反驳回去吗？

人生苦短得罪几个人不可怕，可怕的是一辈子委曲求全和毫无原则的退让和妥协。与其一辈子活得小心翼翼、唯唯诺诺，倒不如大大方方摆出底线和原则，你的善良必须有点锋芒，你的自我就该灿若烟火。

以小见大，高素养的人生清风自来

01

最近小区停车场搞装修，居民们只能将车停在小区外面的广场附近，如此一来，广场边横七竖八停满了各种车。不知哪位居民，将一辆霸气的越野车停在了小区新修的草坪上，被人拍了照传到群里，群里没多少人吱声。

对于这种事儿，很多人都见怪不怪。但群里有人讲了一句"草坪坏了拿钱赔偿，没地方停车可不行！"惹怒了不少人。有时候，一句不经意的话、一个随意的小动作，就能够拉低一个人的素质。你以为自己是直爽和天真，其实别人早就对你心生反感了。

可以说，最基本的素质是常人与生俱来的生活习性、自然流露的言谈举止。生活中有一类素质高的人，他们没有多么瞩目的成就、惊人的背景、耀眼的光芒，只是你在和他们相处时，总会有一种特别的感觉溢满心间，像是清风拂面，带给人与众不同的愉悦之感。

而我们所谓的高素质有时并不是要做很多轰轰烈烈的大事，相反，日常小事更能体现一个人最真实的自我状态。

02

每次去外婆家走亲戚，我总爱跑到对门找一个叫温兰兮的女孩玩。她人缘好，说话做事大方得体，跟她待在一起很轻松。

一个盛夏的夜晚，我和温兰兮在大桥上吃雪糕看夜景，温兰兮撕掉雪糕袋时塑封袋子被风吹跑了。她跑着追了很久，最后终于追到了，把袋子捡起来，走到路边的垃圾桶丢掉。

我当时对她的举动很不解，一个垃圾袋有什么好追的，既没监控又没路人，但回家的路上和温兰兮走在一起，却觉得浓浓的夜色很迷人，微微的夏风很舒服。

成年以后，我才感受到温兰兮与众不同的魅力，她的魅力源于她极高的素质，给人以清风拂面之感。上次我去她的新家，想约她出去看电影，碰巧她家正在安防盗窗。由于厨房需求的架子结构很复杂，工人拆散了运上二十五楼，现场重新组装再安装。我等不及跑去催工人，温兰兮赶忙把我拉进卧室，跟我说，不要催促他们，让他们慢慢来，他们从事的是高危工作，不要增加他们的心理负担。

女子的素质高，比美貌还动人。我觉得，温兰兮给人的感觉真的不一样，那种说不出的美好，让她值得拥有现在美好的一切。

03

我曾经问一个朋友，素质要多高才好？朋友说，素质的高度是无法衡量的，但体现一个人很有素质，通过一些关键小事就可以看出来。

我想起了上次五一节发生的一件事情。那天堂哥驱车载着我们几个小灯泡，还有他的相亲对象，一起去城区附近的一个大型湿地公园游玩。公园偌大的停车场早已满位，我们要一直不停地绕圈圈找空位停车。其间有后来的车辆抢车位、乱停放，我们在车里气得不行，提议堂哥随便找个空儿停进去。

堂哥像没听见似的，仍在不急不恼坚持绕着圈，终于有一批游客散场了，一下开走三辆车，堂哥稳稳当当停好了车。

那天堂哥的相亲非常顺利。那个女孩儿回去告诉媒人也就是她的婶婶，她觉得堂哥人蛮好，涵养蛮高，跟他在一起不紧张，很舒坦。其实，君子谦谦、温和有礼是堂哥从小到大获赞无数的资本。他总是能照顾到其他人的感受，熟悉他的人都喜欢黏着他，把他当作自己的朋友相处。

通过停车这么一件小事，素质高下立判。素质高带给一个人的收获，很多时候看似意料之外，实则在情理之中。

一个人如果本身素养高，那么在关键小事中透露出有涵养有教养的一面，其实是一件水到渠成、自然而然的事。

04

曾经，读到这样一个故事：冯骥才和朋友去法国参观访问，车在乡下岔路口迷路了。他们决定向一个妇人问路。那个妇人头上顶着一个大东西，双手一直扶着头顶的东西。

听清楚他们问的路以后，妇人将头顶用手扶着的东西取下来，放在地上，然后用手给他们指了路。

冯骥才说，她用脚指一下就行了啊。司机却说了一句，用手指路和用脚指路的区别，是教养的区别。问路这件小事，却能体现出人性如此高尚的修养，并且还是对陌生人。当我读完这个故事，整颗心都被暖化了，满满的感动涌上心头。

素质高的人，他们的情商一定不低，人缘也不会差，与他们相处和共事，你会感到轻松和自在，你会觉得如沐春风。日本作家池田大作说，性情的修养，不是为了别人，而是为自己增强生活能力。

生活中那些素质高的人，总会在日常交往中给人以舒适之感。他们可能没有盛世美颜，但却浑身都充满了气质；他们可能普通话不标准，但他们的谈吐听着就让人心情舒畅；他们的身份可能平凡如路人，但他们绝对是人群中最耀眼的那一个。

活出自我，是不给人生过早设限

01

刷朋友圈时，看到初中同学王奇峰在欢庆研究生毕业，晒出了一张 211 大学研究生毕业证书，他的变化之大令我惊叹不已：初中时，他是那种屡次考倒数并且有点口吃的学生，高考后去读了一个三本院校，而如今的他已经研究生顺利毕业了。

我忍不住去翻他的朋友圈，有一段他替导师代课的经历感悟：教了一年书，感觉自己演讲能力以及公共场合掌控能力都大大提高。现在想来，之所以马云、俞敏洪的演讲那么有煽动性，是因为他们之前都当过老师吧！

字里行间，可以看出这是他切切实实的收获与感受，或许他自己也有点惊讶，口吃的自己有一天会站上讲台给学生授课。他个性潇洒、恣意，对生活中大多数人和事输得起、放得下，坦然接受自己既定的出身和先天的小缺陷，也不给自己设置障碍，自信的态度让他也能做到别人做到的事情。

我们无法改变外部环境和自己的出身，我们唯一可以改变的是自己的心态和对待人生的态度。身残志坚的尼克·胡哲在《人生不设限》一书中说道：错的并不是我的身体，而是我对自己的人生设限，因而限制了我的视野，看不到生命的种种可能。相信每一位看过尼克·胡哲 TED 演讲的人，都会被他积极的人生态度和强大的内心力量深深震撼。

不设限的人生，究竟有多潇洒？大学室友张蕾蕾大一就确定了考研的目标院校，大三有次聚餐她同班主任聊天，说到了自己的选择。班主任对她说："综合来看你这三年的成绩情况啊，你选的目标院校难度较大，落榜的可能性也大，建议你换一个。"

当晚，她回到寝室哭得稀里哗啦，但她还是决定尝试一次，结果落榜。调剂去一所 211 大学后，她读研比本科还拼命，今年如愿考博去目标大学。

当别人说你不行给你设置障碍时，如果你认命了就会同别人所说的一样，你的人生真的只能如此，你真的无法做到。可是决定我们人生高度和前途的，是我们自己内心的所想和行动，别人根本无法左右你的任何事。

无论任何事情，不去尝试永远也不会知道。我们来到人世间走一回，面对很多事情，要始终相信：原来我也能做到！人生在世，有各种可能，只有你自己不给自己的人生设障碍，才有可能实现自己的目标，实现人生的种种可能。

02

每当临近毕业，总会听到某某情侣分手，保了前程弃了爱情，也会听到有的人选择了爱情弃了前程，最后二者自然难两全。其实换个角度来看，更多时候是我们想得不够长远，我们总认为眼前就是未来，当下即是结果。说到底，是我们自己蒙住了双眼，绑住了手脚，放弃了尝试，从而看不到生命的种种可能。

隔壁寝室有个拿过奖的女生，毕业时获得省级优秀毕业生荣誉称号，我曾以为她会利用出色的应届生履历找一份满意的工作。谁曾想她去到男友的城市，很快结婚生子在家带娃，她老公一人挣钱颇有微词，说如果当初她先找工作晚生孩子会轻松得多。

我们都想活得轻松潇洒，但在做出选择的时候常常只顾眼前忘了远方，没能够想得长远些。假若不过早地限制自己，处境一定会有所不同。

一个人过早地自我设限，如同在自己面前放了一块绊脚石，不仅浪费掉本属于自己的优质资源，还让自己裹足不前。

尼克·胡哲说过一段很经典的话：当你放弃梦想，就把上帝框住了。因此，你的生命不应该受到限制，就像神的爱不受局限一样。

生命是有限的，但有限的生命不应该受到限制。不设限的人生，才有可能实现此生愿望，不设限的人生，才能活得潇洒恣意而随心。

生活中活得潇洒的人，他们在做决定时通常深思熟虑、想得长远，不会贪恋眼前的温柔和当下的舒适，这样的人生才不会受到诸多的限制，才充满更多的可能性。

人一生的潜能有70%是沉睡的，唤醒沉睡的潜能需要尽己所能，勇于尝试，搬开挡在自己面前的绊脚石，不限制自己的生命能力，创造更多的可能性。

人生不设限，潇洒走一回。潇洒是一种人生的资本，是一种生活的态度，是一种幸福的感受。

我们在做决定的时候要想长远一点，想到以后想到未来，生活不止眼前的苟且，不止当下的舒适，凡事学会想长远一点，才不会受困于眼前。

人生本就是一个不断尝试的过程，允许我们试错，不允许我们设限，决定我们命运的大多数不是外部因素，而是我们的心态和态度。不给人生设置太多限制，生活才会充满种种可能。人生是动态的，生活是折腾的，人生不设限生活才潇洒。

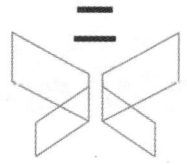

摆脱焦虑，但别停止努力

25 岁的你还有多少试错成本

01

今年高考分数公布后，大学寝室微信群里突然炸翻了锅。室友珍珍亲戚家的小孩考了五百多分，过一本线。小孩头痛的是不知道选什么专业，向珍珍求助，珍珍让我们给参谋参谋。

有人说，女孩子学英语专业好，将来当老师稳定；也有人说：反正不能选我们专业，简直是巨坑；还有人说，女孩子的话，选会计专业没错……

大家你一言我一语群里氛围空前高涨，最后依旧没有定论。珍珍突然插来一句，她说如果没有确定的结果，先随便选一个，到时候再说吧！我特别想提醒她，一定要慎重考虑，千万别随便选择，不要轻易试错。可是我知道这些道理很虚，别人不是听不进去，而是听不懂。

18 岁那年，因为不确定自己喜欢什么，不知道未来会从事何种职业，填报高考志愿随便选了一个。

22 岁那年，别人说考研更有就业前途，能考的话一定不要放弃尝试，结果又莫名把自己推向读研。

25 岁那年，终于可以毕业走出校园了，可是未来在哪里我要做什么，依旧是茫茫然未可知的状态。

韩寒说："一个人当他到了 18 岁还不知道他自己将来要干什么，那就是教育的失败。"与其说是教育的失败，不如说是自身没有试错的意识。18 岁以后 25 岁以前，我们是有大把机会去试错的，但很多人却选择了随随便便、将就与妥协。

试错不是"随便选一个到时候再说"，试错是尝试去做自己特别想做、感兴趣的事；不是虚掷光阴，是在有目标、有想法、有考虑的前提下，所做出的决定。

有人说年轻要勇于试错，我们常常被"错"蒙住眼睛，以为年轻可以随随便便选择，可以随随便便出错。

其实，试错重点在"试"不在"错"。"试"是自认为对的尝试。

02

经常听人讲"穷人没有多少试错的成本"，其实每个人的一生都没有多少试错的成本。但是，我所认定的是"学识决定眼界，眼界决定格局，格局决定命运"。

《创造101》第一次公演结束，胡彦斌对强东玥说，不管是在101的舞台上，还是在其他行业里，要想一直保持第一，除了努力还有一个重要的秘诀就是，你的意识一定要走在别人前面。

人与人的差别追根究底是思想意识的差别。我有一个亲戚，她家在省会城市，她是家里的独生女。去年高考分数出来，她在自己的意料之中过了二本线，目标是念医学。最开始父母建议她换专业留在省内，她坚定地去读了自己想读的医学专业。

我跟她聊天时，得知她学的是四年制的医学影像学专业，最后授予学位是理学学士。她很遗憾自己分数不够，学不了五年制的医学影像学专业，不能被授予医学学士学位，但毕业后能从事与医学相关的技术方面的工作，令她欣喜。

她因摔折腿休学一年，加上复读一年，到大学毕业满24岁。不出意外，25岁那年她就是一名医学影像技师，做着自己喜欢的事，过自己想要的生活。

高考不与命运挂钩，但着着实实改变了很多人一生的轨迹。有的人分数绰绰有余，却不知道自己到底要干什么；有的人分数勉强够得上，但还是尽力去尝试自己喜欢的事。

人与人的差别就是如此之大。25岁，青春的年华已经踩在尾巴上，学业已竟，工作差不多落实，真的没有多余的心思去折腾去试错。不是越年轻越有试错的资本。如果一直无法清楚自己的内心，即便再年轻，做事也会犹犹豫豫，畏缩不前。

25 岁是一个节点，在那以前，尝试去做自己特别想做的事，而不是随便都可以做的事，仅此而已。

03

电视剧《北京女子图鉴》有一对路人情侣吵架，那个女的说："你去找那个 25 岁的老女人吧！"

朋友兰馨告诉我，她听到那句话的时候，浑身一颤，她今年刚好满 25 岁。没有复读，念的专科，21 岁那年兰馨就在武汉工作了，如今一晃四五年。存了一笔钱，但感情的事一直有缘无分。

毕业那年和男友分手，后来家里给她介绍了一个相亲对象，因为距离远分手。她自己谈了两个，有可以考虑结婚的对象，但她一直劝自己，不着急，再等等。

是的，感情的事是不能着急的，的确要慎重考虑。只是她对感情的心态影响到自己做其他事的决策。

兰馨骨子里向往自由，有朋友建议她合伙开店做生意，自己当老板。她不敢尝试，觉得自己已经 25 岁了，没有那么多的资本去投资，存的钱打算遇到结婚对象时，一起买房买车。

她不敢尝试是有原因的，18 岁那年，父亲在她高考完就放话，不会资助她念大学。上大学的生活费自理，学费是她先贷款工作后还清的。因为此番经历，她比一般人更能体会到一步错步步错的代价。但她一点也不后悔当初没有复读考本科，她就是想早日进入社会早点经济独立。

有人劝兰馨，本科比专科更有前途。先不说结果如愿与否，一年的变化真的很大。在兰馨看来，工作能力和工作经验比文凭更重要。

不过，25岁的兰馨从未抱怨过自己老，大牌护肤品用着，健身房一周三次不缺席，身体状态依旧年轻，唯一期待的就是缘分早点来光顾吧！

04

马云说：年轻人要知道自己想做什么，而不是自己能做什么，因为在这个世界上比你能做这件事的人多的是。

只有无比热切地想做一件事，才可能有足够的勇气尝试去做。我们都是平凡的普通人，并没有太多的青春可以浪费。过了25岁，如果还没有找到一条自己确定要一直走下去的路，那么往后你的试错成本将越来越高，甚至超出负荷，最后碌碌无为一生也不是没可能。

有人问我，为什么是25岁呢？且不说25岁身材开始走样、体质开始下滑等诸多现实问题。说点诗意的，因为25岁，没有了18岁那年高考过后的意气风发，没有了22

岁那年毕业季的无限可能。

25 岁，该定下来了。千万不要以为 25 岁的安定是指朝九晚五、柴米油盐、二胎三胎等，所谓的安定是指明确内心所想所喜所要，然后不遗余力去做。

为什么你的目标实现不了

01

有读者给我发消息，她说自己大学四年制定的目标每次到最后都不了了之，她不再制订计划，埋头加班加点却更痛苦。没有目标的按部就班会痛苦吗？答案是肯定的，这种痛不是切肤之痛，而是精神上的空虚。

没有目标、没有追求的得过且过，生活更易跑偏，渐渐找寻不到活着的意义，甚至觉得自己可有可无。契诃夫说，感到自己在这个世界上是件多余的装饰品，那是很难堪的。活着而又没有目标是可怕的。活着没有目标，恰如没有罗盘而航行，随时都有迷失方向和触礁丧命的危险。

我有一个朋友，她每隔一段时间就会网购一些漂亮的本子、彩色笔和贴纸，把自己简单重复的日常和枯燥无味的工作安排得妥妥帖帖。

我问，你不写每天还不是那样过，每天写这些简单的日常会不会很浪费时间？

她说，计划表就是一台省时闹钟，我现在有大把的时间专心做自己喜欢的事，我以往的生活从来没有像现在这样规律过。

目标对于我们普通人的重要性，就在于此吧！因为厌倦了每一年的日子像同一天的样子；因为除了工作还想做自己真正喜欢的事情；因为即便走得很慢很慢但一点也不想后退。

……

我们想要制定目标的原因有千千万万个，但真正养成制订计划的好习惯只需要一个理由就足够，那就是坚持到底。

02

生活中绝大多数人都是目标的制定者，但目标的执行者却只是制定者当中的少数，除了三分钟热度、缺乏持之以恒的意志力，还有最大的可能，制定目标的最初就错了。

对于一艘没有航向的船来说，任何方向的风都是逆风，如果方向是错的，再怎么拼命努力也枉然。

我们来看一个简单的举例对比：

甲的目标清单：变得有钱，变美，多阅读少玩手机，早睡早起不熬夜等。

乙的目标清单：存款十万，变瘦，阅读二十本名著，十点半准时入睡等。

甲的目标听着特别积极振奋人心，完全是要把自己打造成一枚白富美，这样的目标值得期待。但过不了多久就会发现，照着甲的目标清单你不知道自己要做什么，与其说甲的清单是目标不如说是空喊口号。

模糊不清的目标，往往自己都不知道自己要做什么。拿早睡早起来说，我从高考结束那天起到现在五六年时间里，已经彻底养成了不熬夜的好习惯。我没有强迫自己，自始至终也没有感到任何的痛苦，因为我只是在简单地重复着十一点一到就丢掉手机，因此睡眠质量还不错。

贾森·弗里德说，易于实现的目标就是最好的目标。我们不一定非得怀有雄心壮志，也不一定非得展现宏图大志，很多时候适合自己的切合实际的具体目标，就是最好的。

所以，如果你一直在制定目标，但屡屡没有达成，不妨回头静下心来看看，是不是制定的目标模糊不清。

记住，模糊不清的目标等于没有目标。

03

都说良好的开端是成功的一半，方向选对目标就已实现一半。可为什么大多数选对方向的人还是放弃了？

或许，他们太心急了，还没有努力就想要结果，一口吃不成胖子，世上没有多少捷径可走。

或许，他们想太多了，这个想要那个也不愿舍，鱼与熊掌都想要最后都得不到，无法抵挡诱惑是可悲的。

或许，他们不敢相信，自己走的每一步都算数，自己努力的每一步都会有回报，只是时间上的早晚罢了。

······

八月长安说过一段经典的话：我的生活是单线程任务，不必选择，不必割舍，不必挣扎，只要学习就好了，只要奔着那个目标跑过去就行了，别迷惑。

大道至简，奔着目标跑过去就行。越小的时候我们越懂得这个道理，因为想要的东西不多，目标专一。可是成年以后的我们，越来越容易迷茫，越来越不开心，越来越没有目标，越来越害怕。

其实，我们制定目标不是为了享乐，更不是受苦，而是行动。唯有奔着目标积极地行动起来，才会在每个今天比昨天更好。

目标就是生命中的灯塔，实现目标的过程就是一步一步慢慢变好的旅程。不要心急慢慢来，一个好的目标绝不会因为慢慢来而落空。

04

人活着一定要有目标，有目标比没目标要好得多，试错比什么都不做要强得多。

关于制定目标的经验，我想给大家分享一点拙见：

（1）准备两本适合自己工作和生活特点的记事本，多备一些写字顺手的签字笔，还可以网购一点好看的贴纸。

（2）开始以周为单位制订计划，计划的内容一定要落实到具体的事，比如看书，写清楚从哪一页看到哪一页。

（3）最好每个月反馈总结一次，在新的本子上标注哪些计划值得继续进行下去，哪些计划形同虚设果断舍弃。

（4）在实践有效但不易坚持的计划旁，可以贴一些喜欢的贴纸，写上叮嘱的话语，告诉自己坚持，比如减肥。

（5）制订计划的周期要由周到月、由月到季、由季到年，慢慢拉长，内容要适合自己切实可行，不断调整完善。

总之，制定目标要及时总结反馈，当发现偏离航线时，应立即调整做出改变，不要等到翻船了才后悔莫及。

最后，我们大家都知道的，实现目标的唯一秘诀就是坚持到底。纪伯伦说，再遥远的目标，也经不起执着的坚持。

与君共勉！

为什么要活得那么拼命

01

因为门店扩张忙装修的事，邻居阿欢春节没有回家。听说是买了正月十五的机票，回来过元宵节，难怪昨天阿欢的妈妈早早备齐了包元宵的糯米粉和黑芝麻。

吃饭的时候，我跟家人说："阿欢过年也不回家，太拼了吧。"奶奶喝完碗里最后一口锅巴粥，放下筷子不紧不慢地说道："阿欢和她姐姐啊，小时候是吃百家饭穿百家衣长大的，一直过的是苦日子……"

百家饭和百家衣，感觉现在的人们提到这个大多是为了讨个好寓意，不是因为穷得吃不饱饭穿不暖衣。

伏尔泰说，没有所谓命运这个东西，一切无非是考验、惩罚或补偿。所以有一大半人是不信命的，他们把上天赐予自己的苦难视为考验，拼命努力通过考验的人，得出的结论是人生终究会苦尽甘来。

有人说，你就好好地活着，为什么非得拼命呀？好好地活着，生活让吗？这个世上没有所谓的感同身受，他们不知道有的人出生并没有那么多附加值，只有命可以拼。

02

学生时代，我给别人的感觉是超级努力，超级勤奋。下课除了去上厕所从来不会离开座位半步，在教室里听不到我讲一句闲话，大多时候，我都像个哑巴只顾埋头学习。无奈的是，我情商有限智商不足，所以我的努力和勤奋只换来不算奇迹的结果。但是假若我不那么拼命，我或许连这样的结果也没有，不是吗？

初二那年的圣诞节，我们班的一个富二代女同学，送给我的节日贺卡，上面写着一句鼓励又别扭的话：你是我们班最穷的一个，也是我们班最努力的一个。

其实这句话正是我真实生活的写照，我那么拼命学习就是为了改变我的处境。但我深知穷不是我的错，它是我人生路上需要拼命努力才能搬开的绊脚石。我接受暂时的穷，并不代表我一辈子都穷。因为穷只代表过去，并不决定未来。

学生时代我一直活得很拼命，对于一个并不聪明的女生而言，能拿到奖学金靠的不过是坚持和毅力。我坚信，那些受伤的地方，一定会变成我们最强壮的地方。所以现在，我可以坦然地和别人谈论钱的问题，因为我已经有挣钱的能力了，我不再穷了。但即便如此，我还是活得很拼命，每天坚持写计划，阅读各类书籍杂志，坚持跑步健身，热衷厨艺不负美食。

更努力，只为了想要的明天。

03

前些天在微信群里联系到了失散多年的老同学小晴，她定居深圳多年了。上学那会儿，我们常常看到她在操场上一圈接一圈拼命奔跑大汗淋漓的样子。

小晴从小身体就不好，出生以后是在姥姥家养大的，没喝一口母乳。小晴说："我那么拼命地奔跑去锻炼身体，就是在给自己的健康上保险呀！"她成绩不理想，中午甚至从来不午休也要拼了命地学习；她父亲在工地上搬砖干苦力，赚的都是血汗钱，她去食堂永远只吃两个素菜，拼了命地省一点钱。

后来我也见过很多比小晴条件好，比小晴幸运但没她那么拼的人。但现在回头看看，她之所以那么努力，是因为生活的压力。拼了命活着的人，上天终究是不忍辜负的。

就像余华的《活着》这本书里所说的："活着"充满了力量，它的力量不是来自于喊叫，也不是来自于进攻，而是忍受，去忍受现实给予我们的幸福和苦难、无聊和平庸。

昨天无意中又翻到那张照片，照片中的父亲嘴里叼着一根烟，左手紧紧抓着肩上扛的巨大麻袋，右手紧紧牵着可爱的儿子。有网友说，这位父亲肩上扛着的是家庭，嘴里叼着的是自己，手上牵着的是未来。

尼采说，一个人知道自己为什么而活，就可以忍受任何一种生活。我们在这个要命的世界拼了命地活着，不单单是为了完成自己的使命，更是为了血浓于水的亲人。

网上曾经流传过一张感动过无数网友的春运归家图。照片中的妈妈，弓着腰弯着背托起如山一样巨大又沉重的行囊，左手拎着沉甸甸被挤破的背包，右手搂着怀里的孩子，艰难地行走。我难以想象，她每行走一步要使出多大的力气，才会最终到达目的地。

他们活得那么拼命，是因为看清了生活的真相。而这个世界，像这样拼命活着的普通人千千万万。人为什么要活得那么拼命？因为生活本就如此。拼命地活着，是为了活着本身。如余华所说，人是为了活着本身而活着，而不是为了活着之外的任何事物而活着。

为什么保持初心那么难

01

弟弟曾经问我："你文章的阅读量那么低，还有动力继续写吗？"我回答他说，初心易得而难守，当写作成为我不舍得丢掉的一项爱好时，便不会因阅读量少而放弃。

曾经，我和好友落落约定活到老写到老。落落说她每天睁眼第一件事是码字，睡前最后一件事是关电脑，每天能量满满。奋笔疾书的时光维持了两个多月，落落突然跟我说，这样漫无目的地写好没意思，想尝试投稿，赚点零花钱也好呀！

前天我问落落约稿情况怎么样，她自嘲早就封笔了。过稿率低、钱少、费时间费脑子是她不再继续写下去的理由。

我们仍记得那份点燃斗志的初心，我们也没忘内心深处最初的梦想。只是我们偏离轨道太远，以至于忘记了为什么出发。拿写作来说，我们写作是希望将来有一天能把文字变成金钱，可是我们走着走着却变成了为了赚钱而去写作。

与其说是本末倒置，不如说是丢了初心。

02

想起之前看到的一则新闻。女子和男友去民政局领证，当时她男友去后面拿照片，工作人员让其盖章按手印，女子问等她男友来了再按行不行。令人意想不到的是，工作人员把她的户口本一甩，说："你不办，滚！"之后还作势要拿椅子打人，一直辱骂该女子。

　　领证本是人生一大幸事，很多情侣甚至想要讨个吉利，依照生辰八字、择一良辰吉日去民政局领取幸福的小红本。可就是这样一件很多人一辈子只会经历一次的喜事，在有些人眼里，却只是一件枯燥无感、烦琐无味的例行公事，初入岗位时的那份初心早被磨得一丝不剩。

　　有人说，身处一个浮躁功利的社会，很难做到心境如一。确实，日复一日长年累月，干着一成不变的工作，不管是街头乞丐还是至尊吾皇，都会感到厌倦不已。

　　青年作者衷曲无闻曾说："坚持是为了，就算最终跌入烦琐，洗尽铅华，同样的工作，却有不一样的心境。"我非常赞同这句话，不管是在哪所城市，不管供职于哪个岗位，对待工作的心境是非常重要的。不管是在北上广等一线城市打拼，还是在三四线城市扎根，唯有保持最初的那份心境才能快乐地生活！

03

　　高二那年，父亲青光眼复发。市医院测眼压险些爆表，催促我们赶紧转院，很可能要做紧急手术。我陪着父亲连夜转院赶去 W 城的同济医院。

　　想着父亲做完手术后，一只眼睛可能永久失明，我孤身一人站在冰冷的电梯前，眼里噙满泪水，内心深处莫名的恐惧感令我绝望不已。

"电梯门开，请上行！"当我踏入电梯时，一位身着白衣的年轻护士，像播报语音一样对我说道。很快预约手术的四楼到了，那个护士用充满温度的声音说道："四楼到了，请走好！"我沉痛的心情竟因一位引导电梯上下行的女护士而得到片刻的缓解。

半个月后父亲出院，这期间我碰到过那位女护士很多次，不管电梯里人多人少，她都带着一张善意的脸和充满温度的声音，维持着电梯的秩序。

W城的伯伯说，那位电梯里的护士已经在该医院工作六年有余。伯伯平日去医院看病对她印象最为深刻，因为她几年如一日，给人的感觉总是那么暖。

曾经，我觉得医院是魔窟，是地狱，因此不愿驻足停留片刻，现在我更愿意相信它是一个有温度有生命气息的地方。或许那位女护士也是这样认为的，所以这么多年来她的态度始终如一，连陌生人也觉得她温暖又美好，那就是爱的光芒。

04

古人苏轼能守其初心，始终不变。今人却是初心易得，始终难守。

爷爷曾在弥留之际把我们孙辈叫到床前，他说人活着只有生存和生活这两件事，为了生存很少有人能做到不忘本，但人活着一定不要忘本。是啊，为了生存很难做到不忘本，因为只有生存下去才能考虑生活。几乎所有人找工作时考虑的第一要素是钱，因为很少有人能靠兴趣赚钱。

我们都听过"知世故而不世故，处江湖而远江湖"这句话，但却鲜有人能够参透其中的大智慧，也少有人能够做到随波而不逐流、急功而不近利。

什么是不忘初心？作家张晓风说，我爱上"初"这个字，并且提醒自己每个清晨都该恢复为一个"初人"，每一刻，都要维护住那一片初心。

允许自己偶尔的颓废，但不许自己持续的堕落。希望我们可以永远年轻，永远热泪盈眶，以自己认同的方式过自己想要的生活。

为什么我们要拼命挣钱

01

昨天去武汉站跟许久未见面的闺蜜碰面，我差点没认出她：整个人瘦了一大圈，精致的妆容也没能掩盖住满脸的疲惫。

月光族的她，半年前跟男友分手，没发工资的时候，一个人躲在出租屋里吃了大半个月的泡面，加班到很晚只是为了能在公司食堂蹭一顿饭。她说，宁愿经历失恋也不愿再过一天身无分文的日子，没钱的日子真的太可怕了，这半年来没日没夜地加班加点，就是为了多挣一些钱。

没钱的日子，为了生存可能会选择一份将就的爱情。将就的爱情痛苦又无趣，当这份感情破裂，挣钱会成为你不学就会的能力。当你拥有经济独立的能力，在感情里，你才拥有讨价还价的资本，才不会丧失掉爱情的主动权。因为有钱，爱情不用再将就，不用凑合过日子，害了自己一辈子。当遇到优秀的另一半，才不会因为自卑便轻易退缩。

没钱的时候常常委屈了自己，所以就想要挣很多钱。不仅爱情如此，生活更是如此。读书的时候，我的生活费比身边的同学少很多，初中顿顿白水煮青菜我吃了三年，高中时晚餐永远是一碗咸面酱我吃了四年。上大学的时候我努力拿奖学金，拼命做寒暑假兼职，大一的寒假我没回家过年，只为了过年那几天双倍的工资和除夕夜那天老板发的红包。

没钱的日子不好过，所以才拼命挣钱改善伙食，提高生活质量。就算自己是灰姑娘，在遇见王子以前，也得有能力穿上水晶鞋。我们始终相信，努力一定会配得上更好的生活。

当你有了足够的实力和资本，便可以不用看任何人的脸色过日子。现在这个社会，只要你肯吃苦肯努力，总会有回报的。

02

小镇上的王姨和患有眼疾的丈夫南下打工十余载，已经供出了两个大学生，并且儿子继续攻读研究生。王姨说现在脑海里只想挣钱，根本没时间想其他的。曾经因为没钱，王姨的大女儿初中没上完就辍学外出打工，二女儿为了省钱每天只啃冷馒头就着咸菜，小儿子甚至因为营养不良多次晕倒在教室。

那样的日子没人愿意重来，所以后来他们南下打工吃尽苦头、受尽欺辱，饱受疾病的困扰和折磨，适应三班倒的不规律作息，只为了多挣钱。

没钱的日子苦不堪言，一个馒头掰成两半分两餐来吃，一双运动鞋穿到开线用胶水粘好后继续穿，一件薄汗衫由白变黄依然陪伴自己十几个春夏秋冬，在完全陌生的城市倔强地扎根生存下去。

我们有时候像疯子一样地拼命挣钱，不是为了名声和权力，也没想过要挤进有钱人的圈子，只是为了让家人过上好日子，让子女的教育得到保障。

前几天刷朋友圈时，看到初中时的一位女同学，晒出了名牌包包。我没有觉得她奢侈，因为她曾为了生活加班熬夜努力挣钱。

说钱不重要的，其实已经拥有了很多钱；说钱没用的，其实已经利用钱解决了一切能用钱解决的问题。没钱的日子，想吃一顿好吃的，会对着菜单上的价格斤斤计较。所以挣钱成了本能，只为了在自己伤心痛苦的时候，可以去最贵的餐厅大吃一顿。

没钱的日子，想买喜欢的衣服，只能去实体店试然后买淘宝款。所以挣钱成了本能，只为了不在乎衣服昂贵的标签，可以淡定自如地刷卡结账买走。

没钱的日子，想去向往的城市，总是将计划一再搁浅直至泡汤。所以挣钱成了本能，只为了世界那么大、未来那么美，随时来一场说走就走的旅行。

努力挣钱，是为了在最美的年纪，买自己钟爱的衣服包包和鞋子，不必等到 50 岁时才有能力买 20 岁时心仪的那条长裙。努力挣钱，是为了爱人狠心离去的时候不再纠缠，潇洒地放手，自己可以供房供车养得起孩子养得活自己。努力挣钱的人，都是有底气的，他们不会依附别人而生存。

有的人总会疑惑，别人二十好几怎么还不谈恋爱？三十好几怎么还不想结婚？很多人不过是因为没有遇到合适的人，一辈子这么短不想总是将就，更重要的原因是他们知道自己有资本，值得拥有更好的。

演员马伊琍说：如果你还没结婚，听我的，先挣钱。

如果你已经结了婚没孩子，听我的，先挣钱。如果你既结了婚又有孩子但还年轻，听我的，还是得挣钱。特别是女人，挣钱是独立的资本。

所以，我们拼命挣钱，拼命选择一份安身立命的事业，是为了有更多的底气、更多的自由。挣钱是我们一生都不能放弃的事业，因为，它能给予你的是面对人生风雨的底气和心安。

你的努力凭什么不算数

01

参加训练营活动，认识了一个 1998 年出生的数学专业的学妹。她说写作是她最大的兴趣，从最开始的零读者到积攒一千多人，她明显进步很多。

她现在正处于大二的关键时期，加上眼睛深度近视，父母限制她使用手机的时间。上次放假她窝在家里写了一整天，她妈妈直接夺下了她的手机。

她妈妈劈头盖脸甩给她一顿训："写那些鬼东西有什么用？伤眼睛伤身体。把心思放在学习上不好吗？说实话，就算拼死你也吃不了作家这口饭。"学妹一气之下发誓再也不写文章。她对自己刚刚取得的一点成果感到深深的怀疑，她不相信那些优美的叙事散文是自己写的。

一个语文常常在及格线徘徊、逼不得已去选了男生远远多于女生的数学专业，通过写作打开一片新的天地，现在能自如地写一些优美散文的女孩，她的努力被父母抹杀。

努力凭什么不算数呢？若是真心热爱一件事，一定要坚持下去，终有一天我们会看到坚持的成果。梦想不会辜负努力的你，你的努力都作数。

02

综艺节目《创造101》第3期的主题是"努力会被看见"。创新赛制评出"努力C位"和"勤奋C位"前八名。"努力C位"是本身就已经具备相当的实力，但依旧很努力的姑娘。而"勤奋C位"的姑娘们都是通过额外延长训练时间来弥补自身的不足，因为她们相信勤能补拙。

《创造101》导师罗志祥说，他最不愿听到选手们说的一件事是"哇，老师，我都还没有发挥出自己的实力，就被淘汰了"。罗志祥说舞台是靠实力说话的地方，你站上舞台表演，你的努力和付出台下的观众是可以看到的。

台上一分钟，台下十年功。你付出的汗水不会无缘无故蒸发，群众的眼睛是雪亮的，台下观众的眼睛也可以清清楚楚看到你的付出。你相信努力的意义吗？很多人是不信的，因为他们真的声嘶力竭地拼搏过，无人问津地奋发过，但还是毫无收获，看不到希望。

于是，有人说别跟我扯什么努力，人生只看结果。其实，这句话的讽刺之处就在于，当你功成名就，你之前的所有努力都会被定义为是有用的；而当你一事无成，你所有的努力都像是打水漂一样毫不作数。

你的努力凭什么不算数？史蒂夫·乔布斯在《追随你的心》里曾说：你憧憬未来的时候，不会去想着把所有的事联系起来；只有在回忆过去的时候，才会将这点点滴滴联系在一起。一定要相信，这些生活的点滴会在你未来的某一天产生联系。一定要相信：勇气、目标、生命、缘起……一切都不会令你失望，只会增加你的与众不同。

这段话很好地诠释了努力的意义。水滴石穿，绳锯木断。努力就会留下痕迹，你要相信努力的意义，你的努力终不负你。

03

《创造101》里被很多人喜欢并支持的女孩王菊正是应了马东老师说的，你只有最大程度的不一样，才能最大程度地被需要。

而我欣赏的是她的参赛态度，第一次公演排名行使逆风翻盘权时，王菊幸运地成为旁听生，她接受采访说了一段话："我不知道为什么要来，但既然来了就要努力地做下去，我把每一次机会都当作最后的机会，因为不想人生留下遗憾。"倔强的人始终相信努力的意义，每次她都毫无保留地全力以赴。

看节目时我想起了我的初中时光，当年的我家境贫寒，长相平凡，资质平庸，我唯一可以和同学们比的只有努力的多少。那时的自己像个小机器人似的，永远不知疲倦，没日没夜加班加点地学习。因为初中课程的难度没有高中大，努力很快就得到了回报。

考试我多次名列前茅，班主任对我格外重视关心。我鼓起勇气跟班主任倾诉道："眼睛度数又升高两百多成瞎子了，早知道不做那么久的题了。"当时我以为老师会安慰我以后多多休息之类的，没想到她却告诉我："没有谁能一口吃成个大胖子，你所有的努力都不会白费，你所获得的都是努力的回报。"

多年以后我才懂老师话里的意思，本身并不聪明的我如果不额外花时间补习，一定是拼不过别人的。那些挑灯夜战的煎熬时光都是算数的，优秀就是最好的证明。

我始终相信努力的意义，它像是一种强烈的信念，深深根植于我的灵魂深处。努力从来就不是负担，它更多的是你默默耕耘脚踏实地的力量感。

04

很多人之所以不相信努力的意义，是因为他们一开始就带着设想的结果出发，太早要结果。史蒂夫·乔布斯说，我跟着我的直觉和好奇心走，遇到的很多东西，此后被证明是无价之宝。

"此后"二字才是努力的时间意义。跟随直觉听从内心去做的事情，就是我们真心热爱并愿意为之努力的事情。很多我们为之热爱的事情，在做的过程中是看不到结果的。你想要的结果都是在多年以后不经意间回报给你的。

永远相信努力的意义，相信放弃比失败更可怕。努力奋斗过的人生是完整的，而放弃的人生充满缺憾。

要想真正沉浸到努力的状态之中，其实不易做到；而要想放弃努力则容易得多，或许这才是人们对努力嗤之以鼻的原因吧！

真正的努力是悄无声息默默地使劲，不是虚张声势人尽皆知，所以，让我们做一个悄无声息的奋斗者吧！一点一点地努力，努力的每一步都不白费。

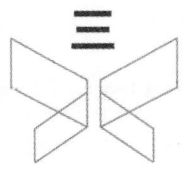

追寻梦想，最重要的是在路上

三

拿出一点自律，你想平庸都难

01

前几天，一个即将毕业的学弟在我们的读书群里说了这么一句话：大学四年我要是有高中一半的拼劲，早甩别人几条街，想平庸都难。

大家对他的高级自黑报以笑意，我想笑却笑不出来，高考过后的我们岂止是没当初一半的拼劲，连十分之一、百分之一甚至千分之一都不及。

我在心里问自己：假若备战高考我用了一百分的自律，高考过后我保持一分的自律，一切会如何？很多人把自己慢慢拖入平庸的泥坑，其实只是没能坚持住自己喜欢的、对自己有意义的一些好习惯罢了，比如健身、阅读。很多事你以为很难做到，其实你只要比普通人多一点点的自律，真的无需更多，就可以渐渐远离平庸，一步一步变得不同。

02

大学有个朋友吴佳薇，直到毕业那年普通话依旧是二级乙等，她遗憾不能当语文教师，便进了一家企业。

每天上班忙得要死的吴佳薇，下班回家依旧挤出时间练习普通话，把她姐家孩子学习的国学经典（上面的字都有注音）搬回家一页一页地念。

我笑她上班了还折腾，她捧着《笠翁对韵》回我："虽说普通话对很多人而言无足轻重，但客户投诉我蹩脚的普通话拉低工作效率，真的刺痛了我的自尊心，损伤了我的自信。"

毕业季择业时，无缘去当语文教师的吴佳薇已经向自己妥协过，工作以后的她不想再继续妥协、继续向平庸靠拢，所以她选择了多一点自律。

我惊叹她把那本拗口又生僻的《诗经》读得字正腔圆、韵律十足。练习普通话已经成为她每日的必修课，已经成为习惯，不需要任何意志力的逼迫。这是一种不需要任何外界力量监督的自律。

通过练习普通话，她找回了自信，能够与人自如地交谈，说话的语音语调也变得好听。上周她又入手了一本英语口语书籍，决心练习英语口语。

以前练口语这事她不敢想象，觉得自己一定会半途而废，可有了前面那股劲儿，她相信会坚持下去。

练习普通话这件事，简单到不想练习，因为不用考试也用不着。但能讲一口流利的普通话，却可以让人散发出与众不同的光芒，因为，讲话的方式体现着一个人的气质。

原来人都是慢慢变好的，你一点一滴付出的自律，都是在一点一滴地积聚力量，到最后量变到质变。

人生，多一点自律才会少一点平庸，才能一点一点变好。自律是一种逐渐积聚的力量，并且是从做一件简单的小事开始积聚来的，由小到大、由少到多慢慢汇成一座坚固的城墙，那是你信心的汲取地。

03

上大学我最后悔的一件事，就是没去图书馆看多少书。毕业以后所有的闲钱全都用于网购买书，想狠狠地恶补一下当初的遗憾。

半年多时间我看完四十多本书以后，又入手了五百多块钱的书。书看得越多越发现自己知识的贫瘠，越觉得时间不够用，如果一日不读我会觉得失落。

看到自己在阅读这件事上慢慢变得自律，所以我才有勇气做出更大的决定，比如花更多的钱买更多的书看，又比如重新拾起一直想做但屡屡废掉的事。阅读之际把健身搬上日程，我相信健身是有规律可循的，不然为何那么多人无法坚持到底，无法遇见更瘦的自己。

当把一种爱好慢慢培养成习惯，不需要任何外界的监督，就会每天去做时，规律也就慢慢摸索出来，或许这是自律另一个神奇的地方。

上学时觉得睡午觉可以补充精力，让大脑精力充沛地应付学习，毕业以后我就不睡午觉了，觉得浪费时间，午睡的时间全都拿来看书。

我相信，一个人只有掌握了适合自己节奏的方法，才可能把一件事坚持下去。拿跑步来说，适宜的节奏是一周3—4次，即隔一天跑一次的状态是合理的。有人会担心休息的时候影响了效果，那想想之前没养成习惯的时光为什么就可以置若罔闻？无论任何时候，当你开始去做一件事情，就已经迈出了成功的第一步。

在习惯的指引下摸索出规律，就会变得越来越自律，然后把想让自己变好的习惯写进自律清单，实践起来更加奏效。远离平庸，就从很简单的一件小事做起，只需拿出一点点的自律，就可以让自己慢慢变得出色，变得与众不同。

04

我们都渴望离平庸远一点、再远一点。但是生活中，总会有人在不断缩短与平庸之间的距离。他们的现状通常是这样：简单的生活节奏常被打乱，相同起点的人群差异渐显，计划永远赶不上恼人的变化……其实归根结底，就是因为缺了那么一点自律罢了，只是一点无需更多。因为对我们普通大众而言，生活绝大多数都是小而困难的，制定过很多小目标，也面临很多小麻烦。

记得高中数学老师曾经说过一句话：高考就是要用成绩将人分成三六九等，你付出的越多，收获的相应也越多。冷冰冰的话语，赤裸裸的现实，戳痛了许许多多高考失利的学子。但高考只是人生一段旅程，你若肯拿出一点自律，日后赶超也有可能。

一点自律就足够你赶超别人，一点自律就可以让你逐渐远离平庸。自律的力量强大到令人惊叹，一个人最自律的时候往往也是最幸运的时候。

以前觉得自律很难，后来觉得自律像其他的小习惯一样，本身就是一种习惯，在生活里养成自律这种好习惯以后，做事效率明显提高。

拥有了自律即拥抱了自由。拿出点自律，你会少许多无谓的折腾，多很多自由的掌控。

你得到多少，取决于你知道多少

01

大三那年，我去凑了一场大型校园招聘会的热闹。我对一家培训机构的英语教师的职位很感兴趣，便报名参加了下午的笔试。当场做题，当场批改，当场录用。最后我不知道自己的分数，因为没及格，而其中有一个师姐和一个师兄拿到了九十多的高分，他们当即被录用。

我问负责人，通过一张试卷就录取吗？

负责人反问我，除了这种方法还有其他的方法能更快试出应届毕业生肚子里的墨水吗？再说试卷上的题都是最具代表性的，能拿到高分的就是我们想要的。

看似简单粗暴，实则是关键时刻考察一个人知识的储备量，知识储备越丰富、专业知识越扎实，成功应聘的概率就越大。就应聘找工作而言，肚子里没有货肯定无法得到自己想要的职位。只有你的才华和实力满足对方所需求的，才能得到你想要的。

一个人能得到想要的，一定是他具备了得到的能力。很多时候，不怕你知道得多，就怕你储备得少，白白错失了机会。

02

有时候我去超市购物，遇到不熟练的阿姨称量，她们会翻着纸或指着墙上的称量表，不停地找各种物品的代码，结果排队的人群很快拖了很长很长。

终于一位熟练的阿姨接替了她，队伍很快散开了。熟练阿姨的脑袋里像储存了代码似的，看一眼物品就知道称量的物品代码。

有人说她们日复一日，年复一年地称量，能不记得吗？的确熟能生巧，但还是有很多人重复很多次也生不了巧，所以这些人也往往得不到想要的东西、完成不了既定的目标，这很公平。

同样一份工作，一个人想要转正、想涨工资，首先得有与之相配的能力。妈妈做工的工厂来了一批人，有两个新人归我妈带着。我妈对她们两个一视同仁，都教得用心仔细，其中一个女生很快就转正涨了工资，而另一个女生依旧在出错。出错的那个女生好几次在我妈面前哭诉，说做的一模一样的工作，为什么她的工资比别人要低？为什么她迟迟不能转正？

我们很多时候想不明白，和别人同样的起点同样的工作岗位甚至自己也付出了许多，可为什么别人得到的就是比自己多得多？

其实，你得到了自己想要的，一定是你配得上的。是你的努力和实力让你能够得到，而不是别的什么。得不到的，只能证明自己的能力还无法满足自己所追求的东西的要求。

03

就同样的岗位而言，每个人都做着相同的工作，但有的人传递给别人的像是泄了气的皮球般的沮丧，有的则像是一抹亮光穿透人的生命。他们带给别人的感受千差万别，是因为他们所知道的也是千差万别。

有一年冬天，我从北京坐车回家。当我被堵在北京西站外的出租车上时，我的那趟车还差三分钟不到就要开了，司机建议我下车赶过去。

当我以百米冲刺的速度冲进车站时，偌大的车站让我找不着北，我赶紧向第一位身穿绿色军大衣、头戴军帽正在站岗执勤的武警询问检票口。他机械地回我，不知道，自己看大屏幕。

时间已经不允许我看大屏幕，我转身冲向第二位站岗执勤的兵哥哥。当我喘着粗气问完问题，我看到他凝神思考了几秒钟，迅速用手指指出了我上车的检票口。那个眼神、那个动作、那个瞬间我想这辈子我都不会忘记，那是我第一次独自一人去北京，我感动他的聪明机智记忆如神，我感慨他怎么知道那么多！

那个兵哥哥，他得到了千千万万陌生人的感恩和祝福，因为他几乎知道关于车站的一切信息。正因为他知道得那么多，所以每一个向他求助的人，都是笑容灿烂、心生感恩。

一个人得到更高的评价，往往是因为他比别人在某一方面知道得更多，具有更加卓越优秀的能力。

04

你能力超强，并不一定能得到自己想要的，但你得到的，一定是配得上自己的能力的。

我遇见过实习期辞职的师姐，她说公司的快节奏能让她分分钟窒息。实习期的师姐因适应不了新公司的快节奏，所以得不到自己心仪的工作。

我也见过干不长的理发小伙，他说老板迟迟不涨工资他看不到希望。小伙子的工资只能与他目前的能力相匹配，所以领不到自己期望的薪水。

我还听过被开除的药房店员，听说那个店员经常卖错药而被人投诉。一个人如果工作的基本素养不具备或太差，那么就无法胜任当下的工作。

你得到多少，取决于你知道多少。这里的"知道"不单单是字面上的意思，而是指一个人的知识储备、见地才干、综合能力等多方面的素养。诚然，有时候一个人在知识储备、见地才干以及综合能力各方面都非常优秀，但还是得不到自己想要的，很可能是自身的素养无法胜任自己所追求的东西。

学生时代的我们，最该做的事是，多看书多储备知识，抓紧一切能抓紧的时间学习，为步入社会建立完备的知识储备库；实习阶段的我们，最该做的事是，多训练多动手实操，抓紧一切能抓紧的时间充电，为走上岗位打造坚实的基础；工作以后的我们，最该做的事是，积累经验丰富阅历，努力做到物尽其用人尽其才，只有这样才能避免力不胜任或德不配位的事情出现。

总之，你得到多少取决于你知道多少。你拥有的，一定是能配得上你能力的东西。你所知道的和你得到的一定是相匹配的。

做不到天生强大，那就天生要强

01

上高中时，班里有个叫陈银翠的女生，理科成绩几乎垫底。她家里人总说理科垫底，文科没前途，三番五次劝她辍学。

当时村里辍学率极高，陈银翠对家里人说让她试一试，再试一试。后来她去学文，我们有幸考去同一所大学。

偶尔我们会约饭，她说当初她妈为了让她早点嫁个好人家，放了很多狠话，嘲笑她就算拿命学习也赶不上别人的半点，因为智商就那么多。然而最后，她如愿考上了大学，也因此给自己争了一口气。有时候，忍耐和坚持虽是痛苦的事情，但却能渐渐地为你带来好处。

毕业那年，女生宿舍楼下有个女孩被男神求婚，男神背景被传得神乎其神，家里开公司有房有车。

后来我跟陈银翠逛街时便问她，有没有觉得人与人之间的命运简直差太多，她回了我这么一通话：别人唾手可得的东西，我要拼命工作努力赚钱才可能得到，但我从不认为这是命，也从没想过要退缩，你想过什么样的生活，全靠你自己去创造。

如今，银翠自由恋爱，买了车，和男友下一步计划买房订婚，一切都在慢慢筹备，也从未想过放弃的问题。如果当初，她因为垫底的成绩而自暴自弃，放弃努力选择辍学嫁人，回首往事，可能会留下更多遗憾。

起点不如别人，拼命努力也追不上别人，统统不该成为你放弃的理由。因为放弃意味着后退和妥协，结果只会更加不尽如人意，而若是选择坚持，至少有得偿所愿的机会。

马云说，今天很残酷，明天更残酷，后天很美好，但绝大部分是死在明天晚上。所以每个人不要轻言放弃，我们的努力不是给别人看的。

02

我当初写作，落到现实纯粹是出于喜欢，幻想到未来则是当个青年作家。家里人对我写作这件事几乎都不支持，因为既没看到收益也无法预知未来。在他们眼里我就是自娱自乐，世俗的"文人穷酸相"也常拿来损我。

尤其是在文章没有阅读量，写作陷入瓶颈期时，我自己也有点怀疑，要怎么努力或者要努力多久，我才有可能签约或者出书呢？

比起那些已经功成名就的人，我真的只够得到他们的起点而已，但这根本不能成为我放弃的理由，相反我要加倍地努力，才能使自己保持前进而不是后退。

因为我若是放弃，我就丢掉了一项来自心灵深处的爱好，丢掉了一颗无法重来的初心，丢掉了一个可能蜕变的机会。我一直都相信，只要我不放弃，就有变得优秀的那一天。优秀是一种欲望，敢把欲望写在脸上的人，才有向上的力量和勇气。

难熬的时候，选择放弃就是选择了认输和妥协，一旦缴械投降，便没有理由给自己重新开始的借口。很多事其实没有重新开始的机会，只有走一步再走一步，日积月累的打磨才有蜕变的可能。

而不放弃其实也只是在维持现状，要持续进步，还需要不断突破自己的极限。我们不跟别人比起点，而应该努力追逐自己的上限。

想要变得闪闪发光，你必须让自己变得比自己更加优秀。让自己变得更加优秀是成就自己，不是去追逐别人的起点。

03

上周，朋友阿楠跟我聊了一下他的近况，他鼓足勇气向老板递交了辞职信，决心要重新开始。

阿楠在杭州上班，一个月工资五千多，扣完五险一金到手四千不足，交完每月的房租水电费，剩下一点钱连伙食都得凑合，其他的花销根本不敢想。

在这样一种处境下，他辞职的理由是，自己就算拼命努力十年也买不起别人一毕业就拥有的房子车子，就算拼死挖掘自己的上限也只够到别人的起点。理由真实，现实残忍。辞职容易，裸辞要命。

得知阿楠裸辞，我只能建议他回家发展，他对未来似乎并没有太强的认知，想着重新开始，却抱着得过且过的态度。如果不改变，最多就是重新找一份比五千还低的工作，慢慢等待着工资涨到五千，又继续重复噩梦般的日子。多少人因一眼望不到头的迷茫和一眼望穿的无可奈何，痛苦无奈地选择放弃。他们不知道，放弃意味着连别人的起点都不如，不是吗？

很多人选择放弃，不是因为困难本身，而是因为他们选择了别人做自己的参照物，照出自己确实不如人。就因为只够别人的起点，所以就要放弃。可是你想过没，拼命工作挣钱完全是为了自己啊，为了自己的将来，为什么被别人带离轨道？

不偏离自己的轨道，不放弃自己的人生，是给自己一个交代，而不是别的任何人。哪有天生强大的人，无非是我们天生要强，才能一步步向上。

04

乐感不强的你，渴望学习一门乐器，但觉得再怎么练习也达不到某某的水平，结果你放弃了一项可以傍身的技能。

业绩尚可的你，期待有朝一日升职，可看到某某比自己更出色，再怎么轮也难以轮到自己，结果产生辞职的冲动。

能力突出的你，想在大城市买套房，却发现再怎么努力，也比不过出生就有房产继承的人，孤立无援的你想放弃。

我们太习惯眼睛盯着别人而忘了自己手头的事，所以常常停滞不前；我们也太容易被扎心的现实给击倒，一倒地就忘了还得爬起来继续赶路。

这个世界本就不公平，残酷的二八法则让你不得不信，很多人是含着金汤匙出生的，很多东西再怎么努力也得不到，很多事根本没有道理可讲。

所以很多人终其一生，拼尽全力追逐自身的极限，也只能够触到别人的起点。

如果放弃，只会由望得见别人的尾巴到望尘莫及，最后看着别人成为你眼里的大神；如果放弃，只会丢掉所有变优秀的可能，你不牛，优秀的人连看你一眼都嫌累；如果放弃，只会如我们眼见耳听的残酷现实所描述的，没出去就输在起跑线上。

鲁迅先生说不耻最后。即使慢，驰而不息，纵令落后，纵令失败，但一定可以达到他所向往的目标。

虽然有时我们会发现，自己努力的上限，是别人的起点，但只要不放弃，终会收获我们想要的结果。记住我们想要成为的不是别人，我们要走的路也有自己独特的风景。

做喜欢的事情，平凡中也能开出花

01

清明节放假第一天，睡了一上午懒觉的好友青青给我打电话，说她男友已经去超市买回烧烤材料了，约我下午去情人谷烧烤。

不料中午突然变天，手机弹出雷电冰雹橙色预警，尽量减少外出的温馨提醒，烧烤计划被迫取消，我以为青青这一天又会在无聊中煎熬。她却把我拉进小书房陪她画画，满满三大本植物系、动物系和食物系手绘，令我又惊喜又羡慕。

青青说现在的她一觉得无聊就钻进书房信笔涂鸦。学手绘已经三月有余，才觉得以前抱着手机打游戏的日子，真心没劲，自从迷上手绘以后，生活的乐趣一点一点被拾回。

有喜欢的事儿做，真是一件无比幸福的事。很多人终日朝九晚五、两点一线，日子过得庸庸碌碌，即便评了职称、涨了工资依旧感觉不快乐，空余时间永远捧着手机，无聊无趣又无味。

没事可做成为人们和手机一起庸碌度日的理由。其实不然，大千世界一定有令自己痴迷的乐事，或是插花，或是学琴，或是煮茶，又或是远足，只是大多数人都没有用心去寻找。

没事可做的时候找事做，做了喜欢的事坚持做下去。用心生活的人，即使平淡的日子也能开出花儿。

02

我不是一个很会生活的人，每个月总有那么几天会把日子过得浑浑噩噩、庸庸碌碌，但阅读这件事我一直不曾放弃。

经常看到网上有人说人丑就要多读书，我读书的初衷倒不是美丑的问题，而是不想沉沦在乏味无趣的日子里。阅读已经成为我所有日子里最有趣的一件事儿，它给我庸碌的生活添了一丝灵气，心境也在不经意间变得平和喜悦。

去年双十一的时候，我把高中时没钱也没时间阅读的青少年名著，整套整套地全买回来了，写进我的阅读计划表，细细品读。

读完海伦·凯勒的《假如给我三天光明》，我从睡梦中惊醒过来。眼角湿湿的泪痕和还未散去的梦忆，让我知道梦中我哭过，为她的遭遇而哭泣，更多的还是被她的伟大而感动。

世界上最美丽的东西，看不见也摸不着，要靠心灵去感受。阅读其实就是在与作者对话，用一颗朴素纯洁的心，去感受作者的遣词造句，和字里行间传递给读者的景、情、境。

曾经一度因为阅读计划我看书到凌晨，我不想计划被搁浅，不想一次又一次回到庸碌无聊混沌的日子。我既不懂得安慰自己平凡可贵，又怕自己习惯了碌碌无为。庸碌的日子如一潭死水看不到任何生机，不时冒出的失落感，更是令我越来越沦陷。

读尼古拉·奥斯特洛夫斯基的《钢铁是怎样炼成的》，我摘抄了最喜欢的一句经典语录到笔记本上：回首往事，不会因虚度年华而悔恨，也不会因碌碌无为而羞愧。

03

　　表妹最近喜欢上了歌手毛不易，确切地说是喜欢上了毛不易的歌，每天在唱吧里扯着嗓子吼：像我这样迷茫的人，像我这样寻找的人，像我这样碌碌无为的人，你还见过多少人……

　　表妹从一所普通得垫底的二本院校毕业，学的专业用她的话说毕业即失业，最令她颓废的是，表白失败只因她一直减不下来的肥。

　　直到表妹放弃减肥沉溺于美食，她庸碌颓废的日子才渐渐有了起色。表妹爱吃也爱动手做，家里各种美食工具齐全，去她家玩随时随地可以吃到刚出炉的美食。表妹说："我的身高体重这么般配，还嚷嚷着要减肥，甚至差点放弃自己喜欢又擅长的美食烹饪，我真傻。"

　　曾经，我们可能因为暗恋对象的一句喜欢苗条一点的女孩就拼了命去减肥，盲目的后果是搞垮了身体，未能得偿所愿却将日子过得稀里糊涂，庸庸碌碌。你要学会管理自己的身材，但同样要保持自己热爱的事物，即便是喜爱吃美食。

　　人要学会在庸碌的生活中找到一份慰藉，这份慰藉可以是吃美食、喝花茶、玩模型、乐山水，总之是自己负担得起的喜欢，是能带给自己乐趣的喜欢，如此庸碌无聊的生活也会变得有趣又有味。

其实平凡的日子真的很可贵，我们最怕的是自己习惯了碌碌无为，却安慰自己平庸不可怕，因为大家都一样。

04

要说这世界上将日子过得完美无缺的人，真的是少之又少，将日子过得顺风顺水的人同样也是极少数。我们绝大部分人都是普通人，我们都很难养成各种优秀的习惯，我们也没有令人称羡的人际交往，我们总是不经意间将岁月蹉跎。

值得庆幸的是，我们没有向庸碌的生活缴械投降，因为我们有喜欢的事可做。告别庸庸碌碌有时候真的很简单，简单到坚持一件自己喜欢的事并持之以恒地做下去。

爱好手绘的好友青青，她现在已经尝试给杂志投画稿，偶尔赚得一点稿酬会让她惊喜一整天。满足了兴趣还能赚点零花钱，能不开心吗？

爱好美食甜点的表妹，上传到抖音的美食制作视频，点赞评论转发量蹭蹭往上涨。粉丝破万那天表妹特意请我去餐厅吃了一顿，她说现在感觉蛮开心的，做事很有劲儿。

做事有劲儿有动力是一件幸福满满的事，因为那股劲儿那份动力都是从心而出。心里感觉幸福满溢，日子才不会庸碌无偿。庸碌是生活的常态，我们要学会在庸碌无为的日子，做自己喜欢的事儿。不知道自己喜欢什么，就需要刻意去寻找，相信总有令你痴迷的。

要认真，别轻易认命

01

听三姨说，维维表妹去武汉当学徒一个多月又跑回来了，理由是暑热难耐、又饿又困，最扯的借口是缺一个有钱的爹。

在亲戚眼里维维确实上进努力，但大多数时候她只是让自己处于一个忙碌的状态当中，稍有不顺心意的时候，就抱怨自己的出身。

命不好是维维最爱找的一个借口，她不知道自己浪费了多少个三姨还不清的人情，糟蹋了多少次姨父争取来的机会，还总标榜自己有多努力。

生活中，绝大多数人没有好的家境、好的背景、好的条件，但是落到现实，这些人依然脚踏实地、埋头苦干。只是偶尔累得够呛才感叹一句，唉，命啊！

我们可以感叹命运的不公，但绝不要一味地哀叹自身的不幸。现实的无奈早就偷偷消耗着你的能量，与其悲叹命途不济，不如相信努力的力量。诚然，很少有人能够做到拼尽全力，但我们有理由让自己足够努力，只有足够努力才不会那么焦虑，才不会抱怨，才不会信命。

02

高中是我人生的一段黑暗期，因为那时有个叫自卑的家伙爬进了我的身体里。我无意与人攀比，却又屡次显出我的贫穷。

有一天，班级刮起一股金思力（一种保健品）风，很多成绩很好但家里条件差的同学也买了。我成绩一直不理想，便同母亲商量想买点，母亲一口回绝了我。当时我委屈悲愤的心境无人知晓，更不会有人知道，我有多么羡慕那些有钱又有才的女生，觉得自己不该出生在这世上。

人就是这么的懦弱，找到一点借口后便可以肆无忌惮地不努力。物理课我听不懂直接趴在桌上暗自神伤，同桌鄙视我放弃学习；数学考试没有及格我跑到操场痛哭流涕，同桌觉得我不够勇敢。

那时的自己好荒唐，千军万马过独木桥，没有谁不拼命往前跑，比我条件差但比我更加努力的大有人在，我却在最该奋斗的年纪以命不好为借口放弃了努力。

或许，以命不好为借口的孩子最容易被自卑蒙蔽住双眼，他们不明白青春的底色是不放弃、够勇敢。虽然我们有时候不得不认命，但其实，人生大多数的不如意是因为自己不够努力、不够认真、无法坚持、没能尽力，很多时候并不是所谓的冥冥之中自有天意。

03

当逃离北上广成为一种社会热点时，我记忆中那个永远带着一股拼劲、浑身上下透着活力的大学同学霄霄却在北京安了家。

霄霄说，通过努力打拼来的一丝一毫都觉得格外真实，也更加懂得珍惜，因为背后付出的艰辛只有自己才明白。努力在大城市扎根，是这个不幸运的女孩赋予自己的使命。

大学申请贫困生助学金时，我无意间得知霄霄的爸爸在她上初二时因一场车祸去世。那一瞬间我无法想象，她乐观自信的背后竟藏着如此悲伤的心事。霄霄是不幸的，她那么小就失去了至亲，但她又是幸运的，因为她不认命、不信命，她只想努力掌控自己的命运，如今看来，她已经成功做到了。

我永远不会忘记霄霄在领奖台上说过的一段话：爸爸走后的第三年，我突然醒悟，人生的路要靠自己走。很多时候不是命运的不幸，而是自己还不够努力。命运的好坏，从来都不该成为我放弃努力的借口。

是啊，很多时候不是命不好，而是自己不够努力、不够认真。因为命运根本无法决定一个人一生的成就。我们一生成就的高低，归根结底与自身努力的多少是息息相关的。

04

李诞在《吐槽大会2》某一期讲了一句特别扎心的话：我什么都不会，就是命好！

生活中，因为命好而什么都不会却什么都拥有的不乏其人，然而更多时候，所谓的岁月静好不过是有人替你负重前行。假若你从不曾足够努力，那么你享受多大程度的轻松与自由，替你负重前行者就付出了多大程度的努力。

很多屡遭挫折的失意者，他们总习惯将自己的失败归咎于命运，然而人生的前途要靠自己的努力来创造，而前途的大小往往取决于努力的程度。罗曼·罗兰说，宿命论是那些缺乏意志力的弱者的借口。人间诸事的秩序均非偶然，命运只是毫无意义的空话。认命，只不过是失意者的自我嘲解、怯懦者的自我安慰罢了。

或许真的有命运这回事儿，但真的不是所有人都能够扼住命运的咽喉。只有足够努力的那群人，他们手中的力量才足够强大，才有能力获得更加丰硕的果实。

你若信命，一切命中注定；你若不信，一切由你主宰。

努力往前一步，就能碰见运气

01

大一公共英语课，遇到一位"奇葩"老师，喜欢同学自愿举手站起来，回答她的提问，并且每次回答的情况都会打等级记录在案，作为平时成绩。即便平时成绩和期末考试成绩4：6的比例，愿意起来回答问题的同学依旧寥寥。

当时我的同桌徐莹莹，北方人，很重的口音，并且发音不是很标准，回答问题的正确率在60%—70%，但她几乎每节课都会举手回答问题。

我惊叹她的勇气，更惊讶她的毅力。在每节英语课前，她都会提前查完生词，做完课后练习题，标出难啃的语法。

学期末，徐莹莹得到的 A + 和 A - 在所有同学中是最多的，期末考她是我们班唯一一个上90分的。

徐莹莹惊呼自己走了狗屎运："你们不知道我高中英语有多差，尤其是应试能力，幸好大学有平时成绩，所以我抓住课堂机会给期末减减负。"

了解完她高中狼狈不堪的英语史，我对徐莹莹只剩佩服。她应试能力差到不及格，但却幸运地拿到第一名的高分，到底是运气使然还是她在一学期的尽心尽力中早已悄然蜕变？

她自己说是运气，考 89 分的同学也会羡慕她的好运，但其实没人做到像她那样挑灯夜战、寒来暑往坚持学英语。在这默默无闻的过程中，她的实力逐渐得到提升，所以老师选她去参加各类竞赛均有所获，而我们外人看到的是，她一直都那么牛。

我们习惯眼睛盯着别人光鲜亮丽的一面，当别人各方面越来越强悍，我们就会表现出"实力真牛!""运气真好!"的艳羡和嫉妒。

别人确实运气好，一步顺步步顺，最后一飞冲天，而你却是一步衰、步步废，总是倒霉透顶。

扪心自问，你有没有花心血、花代价打磨自己？

02

本科一个学姐，她以初试复试均第一的考研成绩进入厦大。初试有个本科学校比她出色很多、外形气质远超于她的女生，只比她低一分。

当时学姐非常焦虑，渴望拿第一、渴望获得奖学金的决心，让她顶着压力玩命地备战复试，该记的该背的该看的，没日没夜地准备着，不落下任何知识盲点。

最终学姐得偿所愿，保住第一，总分专业第一，在本科不是 985/211 的情况下，通过成绩排名拿到了新生一等奖学金。

有人感叹她运气好，有人说她实至名归。要说运气，比起外部条件，她比对手逊色得多，可最终她还是如愿通过；要说实力，她在考研经验分享会上自述备考经历，那过人的毅力和坚持，让全场师生无不为之动容。

梅西说，我不是天生强大，我只是天生要强。没有谁天生强大，只是拥有一颗要强的心和渴望变强的勇气，然后在驱动力的作用下全力以赴，功成名就之时往往也是好运加身之日。

而常人肉眼只见鲜花和掌声，习惯忽略别人背后的付出。嘴里喊着"努力有什么用，别人运气超好"来安慰自己，其实别人的付出多到你无法想象。强者之所以为强者，在于一直强大一直牛。而如果是运气使然，在概率的影响下时强时弱，真实实力可见一斑。

成功有运气的因素，但更多时候是因为具备强者的实力，才迎来的好运气。

03

其实我很不喜欢"高考黑马"之类的称呼，我更愿意相信实至名归。

高考过后，总会有同学以黑马的身份冲杀出来，让人惊叹羡慕。到底是他本身自带黑马属性还是运气使然？我想，那些成为黑马的人，其实在跨入高中大门那刻起就一直在修炼，直到高考时才拉出来溜溜，好运也迎面扑来，从万千考生中厮杀出来。

为了证明自己本身就自带黑马属性，谁知道别人背后付出了多少辛酸泪。我始终相信，人是先变得强大然后运气附体的，绝不是运气使人变强大。并且强者之身被运气附体，犹如助力之臂，只会让人变得越来越优秀。

不要眼红别人的好运气好机遇，上天是公平的，强者法则不是因为他们天生强大，而是因为他们天生要强。正因为他们有要强的渴望，才会竭尽所能努力获取自己想要的，让自己变得强大足以与眼前的成就相匹配，运气也就到来了。

最努力的时候往往最幸运。因为努力，才能具备强者所需的特质，比如信心、勇气和敢为人先。因为强大，成功往往是偶然中的必然，一切早已注定。

所以，运气往往青睐强者。

你什么都有了，唯独缺了热情

01

细胳膊细腿儿的小妹，因难看的小肚腩没少折腾，尝试了各种方法仍不见成效。我说仰卧起坐最有效，她说仰卧起坐总要别人帮忙压着腿，太不方便了。

当我把网上仰卧起坐辅助器的链接甩给小妹时，她发了一个惊讶的表情过来，不停地跟我感叹什么都可以买得到，当即就下单了。

小妹再次对仰卧起坐表现出极大的热情，发誓一定要练出马甲线，瘦成一道闪电。谁曾想放假回家，她在网上买的辅助器早就丢到角落找不着了。

无法完成某件事时，我们或多或少会有一些抱怨，会找点借口，但当条件成熟只等执行时，我们却退缩了。原来，当初想变瘦是一时兴起，只是三分钟热度而已。没有一直坚持的热情作为支撑，再美好的愿望也会落空。

热情，是一种态度。这种向上的态度可以催促你自发地行动，不需要别人的监督，因为你热爱你所做的事。

生命里，唯有时刻保持热情，才会将一件本就发自内心所喜欢的事，坚持下去。

02

自从接触到手账以后，大学室友微微特别想养成制订计划的习惯。每次在微博上刷到好东西，都会通宵熬夜上网淘宝，最后她想买的物品都能得偿所愿。

那段时间，她跑遍了附近的文具店，取了几十个大大小小的包裹，寝室桌上堆满了不同款式的手账本、分门别类的贴纸以及颜色超养眼的笔。

费了那么大的劲儿，砸了那么多的钱，我以为微微会成为手账达人，过上自己想要的生活。结果毕业时，她拎着一大袋本子满寝室跑，让我们喜欢哪个随便挑，免费送。

决心要改变自己时，我们会不由自主不惜一切代价砸钱、花费时间，但当一切就绪只等进行时，我们却放弃了。原来，当初想改变的一时冲动，也只是三分钟热度，说说罢了。没有持续的热情支持，再缜密的计划也会失败。

热情，是一种态度。这种像注射了兴奋剂似的态度，能使你对眼前正在做以及将来要做的事时刻充满希望。生命里，唯有时刻保持热情，才会将一个本就发自内心所喜欢的物，玩到极致。

03

发小楠楠高中时暗恋一个男生。那个男生在毕业同学录里写自己喜欢的女孩类型，至少要会一门才艺。楠楠大一上学期入了吉他社，大一下学期通过兼职赚的钱，买了人生第一把吉他，她决定学会弹吉他就表白。

大三暑假聚会，楠楠是哭着回到家的。她喜欢的男生和一个会吹箫的女生恋爱了，我瞥见楠楠放在书房的吉他包落满了灰尘。

真心喜欢一个人时，我们会想要改变，变成对方心目中的样子，但当条件具备只等蜕变时，我们却不干了。

原来，当初想追他的一厢情愿，却也只是三分钟热度闹着玩吧。没有持续的热情支撑，再心动的暗恋也只是梦。

热情，是一种态度。即便最后你没能追到暗恋的男神，这种美丽的态度也会让你成长为喜欢和想要的自己。生命里，唯有时刻保持热情，才有可能成功地站到内心一直喜欢的那个人身边。

毕业那年，楠楠蹲守在跳蚤市场，贱卖了那把八成新的吉他。那天她给我发了这样一段话：打小我们就羡慕多才多艺的孩子，那时候经济条件不允许，只能看看不能买，长大后发现吉他并不贵，自己也能买得起，却仍在羡慕别人。

是啊，小时候，吉他这类物品对我们而言是奢侈品。其实不光是吉他，很多当初买不起的东西，现在都可以轻而易举地获得。想减肥有了各种健身神器，想制订计划便有了各类手账本，想多才多艺就有了各种乐器，可我们却变得如同三岁小孩一般，吵吵着入手的新玩具玩一两天就失了兴致。

如今，什么都有了，什么都不缺，却依然无法过上自己向往的生活，无法成为自己喜欢的模样，依然在羡慕别人的一切，因为我们丢失了热情。最初的一腔热忱，早已被时间冲刷得一丝不剩。缺了热情的生活，做任何事都只是一时兴起、三分热度。

我们常说，永远年轻，永远热泪盈眶。这句话是对热情最好的诠释，这就是一种积极的生活态度。我们活着，唯有怀抱足够的热情，才有足够的力量，去做自己想做的事，见自己想见的人，过自己想要的生活。

愿你，愿我，愿我们，都能成长为一个充满热情的人，永远年轻，永远热泪盈眶。

你说的爱情昙花一现，我追的梦想却日久天长

01

某天，我翻箱倒柜找出了一本珍藏多年但已陈旧褪色的相册。本想追忆自己十八岁少女时的模样，谁曾想却被相册中眉清目秀的少年吸引了。

他叫王明一，1990 年出生，7 岁那年因贪玩误碰高压电，烧断左手食指，落下残疾。父母是头脑精明的生意人，家境殷实，但他从小打架斗殴抽烟喝酒无一不沾，可谓不学无术的典范。

如果没有那门亲事，或许他这辈子就是一个堕落啃老的富二代。但每个人的命运掌握在自己手中，2013 年王明

一大学毕业后远赴新加坡求学，2016 年他在新加坡注册结婚，自此我们断了联系。

时间回到 2008 年。

02

2008 年我高考落榜，想复读一年，重新参加高考。

母亲坚决反对，大哥因为彩礼钱的问题跟女方家闹掰，整日抽烟酗酒怅然若失；父亲给亲戚家修房子从二楼意外坠落骨折，因凑不足治疗费躺在床上大半年不能翻身。

我看着放学回来的小妹，在光线昏暗的窗台前认真看书做题的样子，心里像针扎似的疼痛，泪水瞬间爬满脸庞。我听到母亲帮父亲擦身体时说，过完暑假让小雪去深圳投奔她表姐，她表姐在的那个玩具厂一个月工资好几千呢！明年小月念完初三就不用念了，现在唯一的指望就是小海了……

"女孩子读得好不如嫁得好"是母亲的至理名言。晚上我缩在被窝里，一股莫名的恨意见缝插针袭遍全身，身体微微地颤抖。

妹妹小月和我一个被窝，估计吵醒她了。她翻身过来搂住我，迷迷糊糊地说道："姐，妈打死我我也不会辍学的……"我不知道小月是在安慰我还是在说梦话，但我相信命运掌握在自己手中，我要把命运紧紧地拽在自己手里自己定夺。

那天母亲胃病犯了，疼得直皱眉，我和弟弟陪她去村卫生服务中心输液。弟弟去旁边的娱乐场打篮球，我在输液室陪母亲。傍晚回家的时候我去喊弟弟，遇见王明一。

我和王明一小学初中都是同班同学，中考我考上县城的重点高中，听说他在实验中学混了三年，每次闯了祸都拿钱消灾。

03

自从那次见到王明一后，就有媒人来我家说亲。母亲对媒人满脸堆笑热情周到，在没有征得我的同意下就接了王家送来的帖子和一笔钱。

我被定亲了，但我拒绝了。我决定买票去深圳，进玩具厂打工。第二天王明一来我家找我，他跟我说北京正在举办运动会特想去看看，我清晰地记得那天是2008年8月26日，奥运会已经闭幕。

但我们还是去了北京，我们第一次出省。第一次坐地铁在里面转了一圈又回到原点，我见人就问，最后总算是绕出来了，我们在鸟巢外面晃了一圈又回到北京北站，我决定买票去深圳。

"你不想和我在一起才决定去深圳打工？"王明一问我。

"我不想和你在一起，也不想去深圳打工，我只想考大学。"我直接回答他。

"那你先把我送回家，北京真大，我会走丢的。"王明
一皱着眉头哭丧着脸。

我没忍住笑出了声，他居然在回家的火车上跟我赌气
一言不发。我坐他对面望着窗外自言自语："没来北京以
前认为世界上最大的地方是家乡的小县城；没出过远门连
地铁火车都不会坐也不敢向陌生人问路；学了六年英语见
到外国人依然像观赏稀奇动物一样……"

"你是在嘲笑我还是在念经呢？"王明一终于忍不住打
断了我。

"我和你没有感情基础，没有共同志向，硬生生拼凑
在一起过日子，只会……"

"你复读吧！别去深圳打工。"王明一说出了我心中最
想要的答案。

但他还是不肯放过我，如果我复读一年没有考上就和
他结婚，如果我考上大学他表舅会资助我上大学，但毕业
后和他结婚。

04

王明一在我复读的一年里经常以各种借口跑来学校找
我。我带他去食堂吃饭能感受到周围同学异样的眼光；他
在操场上等我时跟同学抢篮筐误伤对方赔了不少钱……诸
如此类的小事司空见惯。

直到我考上北京的一所大学，他才发现我和他的差距越来越大越来越远。

2009年他送我去北京上大学。那天的他剪了清爽利落的短发，身穿浅棕色的休闲运动套装，右手腕上戴了一只手表，整个人变得阳光帅气。我竟有一秒钟的恍惚感，我们是情侣一起去北京上大学。

但只维持了一秒钟而已，因为我不喜欢王明一，他缺了食指的左手依然让我心里有点瘆得慌。我觉得自己没有同情心，但我若是因为同情和感动和他在一起，那将会是凑合过日子，一辈子都不会幸福的。

在火车上我睡得迷迷糊糊的时候，他从背包里掏出一只精致小巧的女士手表，小心翼翼地戴在了我的手腕上，我准备扯下来还给他被他拦住了。

"等我，我也要复读考上大学。如果到那时候你还嫌弃我，就把表还给我。"王明一看着我认真地说道。

2010年王明一去了一个比北京更富有的城市上大学，跟他一起去的是他复读一年朝夕共处的女同桌。我把手表寄给了王明一，不属于自己的东西应该去找它真正的主人。

05

一年后王明一大学毕业，带女友回家。那个女孩身材苗条娴静娇羞，一头乌黑柔亮自然卷的秀发更显妩媚动人。

2013 年秋天王明一和女友阿雅远赴新加坡求学。母亲一脸羡慕，她对当年我执意退亲一事至今耿耿于怀，甚至认为该和王明一一起出国留学的那个人是我。我不想再和母亲有任何冲突，便沉默不语。

母亲她不会明白，如果当初我听了她的话和王明一结婚生子，那就不会有我和他今天的一切。我将会是一个喋喋不休整天抱怨的黄脸婆，而他会是一个混吃等死无所事事的啃老族。我始终相信，志不同道不合的爱情终究无法地久天长。任何时候，靠自己，永远比依赖别人来得靠谱。

其实很多东西都掌握在我们自己手中，你不快乐没有人会同情你的悲伤；你不坚强没有人会怜悯你的懦弱；你不努力没有人会陪你原地停留。只有把命运掌握在自己手中才能找寻到生命的闪光。

四

为别人着想，也为自己而活

·
·
·

不再讨好别人以后，我变得骄傲了许多

01

好友娟子跟我说，每次她独自一人在超市购物时，在生活用品区挑选日用品，总会有大妈大姐们凭着三寸不烂之舌向她推荐，示意她购买推荐的产品。

娟子遇到这种情况，从来不懂得拒绝，其实她特别想自己一个人静静地挑选，可是她连说一句"谢谢推荐，我自己看"都张不开嘴。她担心自己拒绝对方的推销，对方会表现出明显的不悦，甚至话里有话，还会有嫌弃的语气，她忍受不了那种感觉。

她那么不愿意"得罪"别人，近乎"讨好"式地接受别人的推荐，结果买回来的牙刷不是超细软毛，买回来的沐浴露洗完澡觉得味道实在难闻，买回来的晚霜弄得脸部过敏。

这种害怕对方反感自己、排斥自己的心理状态，成全了对方，害苦了自己。不愿得罪别人，违心接受别人，无

非是害怕自己不讨喜，所以不习惯明确拒绝，不敢直接跟对方说"NO"，这样的自己，反而更不讨喜。

电影《被嫌弃的松子的一生》，松子一生都在追求爱，却一生被爱所伤害，她悲剧的根源在于童年缺爱。

一个偶然的机会，小松子发现，扮个鬼脸竟能博得父亲一笑。松子说："从那以后，我总是做这个鬼脸来讨父亲欢心。"就这样，松子慢慢长大，也逐渐活成了一个彻头彻尾的讨好者，造就了一生的悲剧。

想起小时候，我的父亲重男轻女，偏爱弟弟，对我态度冷漠。毫无喜剧天分的我，不会扮鬼脸、不会撒娇，更不会说讨喜的话。我习惯了一个人躲在角落默默学习，可以一整天不讲一句话。

那时我压根儿不懂知识改变命运的道理，我只知道，学习优秀可以换来父亲的重视。当我成绩越来越好、拿的奖状越来越多时，父亲开始多看我两眼、跟我多说了几句话。父亲对我的爱是有条件的，我亲身证明的确如此。从那时起我就明白，这世上没有无缘无故的爱，包括血浓于水的亲情。

我大学毕业那年，父亲生日那天，他当着所有亲朋好友的面，说他一直最疼爱的孩子是我。我浑身上下都觉得尴尬，努力在脸上挤出一朵微笑，借故躲进房间，一丝苦涩感涌上心头，或许只有我自己知道，父亲对我的那点爱是我自己凭本事讨来的。

02

直到成年以后，我才终于慢慢理解父亲，并和他和解。但令我感到痛苦的是，我发现自己习惯了讨好别人，习惯了屡屡在人前放低自己的姿态。

与人谈论时，我从不主动制造话题表达观点，我习惯了认同别人的观点，觉得赞同可以拉近我们的距离；我总担心别人对自己有不好的评价，别人若是用调侃的口吻跟我开个玩笑，我会感到极其不自在；我享受和所有人相处和谐，无任何矛盾碰撞、不和之事发生，有一次与室友争了几句我感觉天要塌下来了。

诸如此类的事，不胜枚举。二十多年，我就是这样把自己活成了一个讨好者，我习惯了活在别人对自己的期待中，期待着别人能够认可自己、接纳自己、喜欢自己。

直到发生了一件微不足道的小事，我才慢慢学着改变。

因嚷嚷着要减肥，朋友茉莉将我拉进了一个健身交流群。由于安全意识不到位，没将微信通过群聊添加的按钮关闭。

刚进健身群一天，在群里一句话也没讲，通过群聊添加我为好友的居然有十几个人。有个女的发送了五遍好友申请，我当时的思想斗争很天真：可能她找我有事，如果我忽略她肯定知道，如果我拒绝，到时候在群里发言她怎么想……我所有考虑的出发点全都是她，然而她于我而言，只是一个陌生的人。

当我通过验证，看着她发过来满屏的健身广告时，莫名觉得生气，之后果断点了删除。我人生中第一次与那个懦弱讨好的自己做斗争并取得胜利，是删除一个陌生女人的微信。那种喜悦感像一阵电流袭遍全身充满力量。

这件小事让我感受到找回自我的快乐。现在我去购物，直接忽略售货员极尽溢美之词的推销，自顾自走到目标区域，随心所欲挑选自己看上的喜欢的物品；我去影楼预约，不因经理巧舌如簧的服务介绍而纠结，选定自己满意的套餐付款，大方拒绝他们的充值卡优惠活动。我做事不再畏畏缩缩害怕做错，说话不再吞吞吐吐害怕说错。我敢表达自己的想法，敢流露自己的负面情绪。

每个人都有开心或不开心的理由，也有接受和拒绝的权利。当一个人不再期待每个人都喜欢自己时，就已经在一定程度上找回了自我。

03

有一次在街头，看到一位爷爷和奶奶带着一个小女孩路过一个小摊，小女孩喜欢上了一顶可爱的帽子，想要爷爷奶奶买给她。

可是爷爷一直说家里有很多帽子，买多了没地方放，甚至丢下奶奶和小女孩走远了。奶奶边给小女孩擦眼泪边拉着她的手去追赶爷爷的步伐，告诉她："听话的孩子才是乖孩子。"

看到这一幕我心里酸酸的，如果是小女孩的爸爸妈妈带着她玩，会不会买了那顶漂亮的帽子，我听到摆摊的阿姨说了句："才5块钱，买给她吧！"

小时候，我们摆手说不吃，被父母夸奖是乖孩子的时候，其实我们的内心很想吃那香甜的糖果；那时候，我们想要买玩具，被父母哄着教育我们不浪费，做个听话的乖孩子就是不买心爱的玩具。

正是因为"乖孩子"的灌输培养，我们学会了压抑内心真实的想法和感受，为了讨大人欢心，渐渐学会了违心说"好"。

长大后才发现，自己好像活成了一个连自己都讨厌的"好人"。害怕自己不讨喜的孩子，潜意识里通常是自卑的，自我价值感认同低，甚至常常会逃避自我。

其实，害怕自己不讨喜的人，总是期待能和他人搞好关系，不想有任何不愉快的事情发生，所以他们很可能并不想讨好任何人，只是一种满足自我价值感的方式。但是，我们一味说"好"，近乎讨好地不懂得拒绝，只会越来越让自己陷入这个不快乐的怪圈。

对于不喜欢的人和事，难免会有矛盾有摩擦，有误会和嫌隙，不妨痛痛快快地讲出来，不一定能求得一个圆满的结果，但至少不再压抑自己。

我们不要害怕自己不讨喜，也不要委曲求全说"好"，不喜欢的勇敢拒绝。学会审视自己认清自己，做自己才是人生中最快乐也最重要的事。

04

没有获得父母无条件的爱，是众多讨好者终其一生讨好上瘾的根源。电影中的松子，她的悲剧莫不如此。心理学家荣格说，一个人毕其一生的努力，就是在整合他自童年时代起就已形成的性格。这句话直击我心，童年时代讨好父亲的经历形成了我讨好的性格，使得我在过去很长一段日子里，都要靠讨好别人来维持自己好人缘的形象。

我从不把自己定义为讨好型人格，人格太过沉重，我觉得讨好别人只是我的一个坏习惯而已。这个坏习惯让我常常感觉不快乐，让我很少正确认识自己到底是怎样一个人，从而失去了真正的胆量和勇气。

一旦打破了这种模式，找回真正的自我，便不再觉得自己的发言底气不足，不再觉得自己的意见仅供参考，不再觉得自己的话语毫无分量。其实我一直都不曾真正理解自爱的含义，不再讨好别人的日子里，我渐渐发现了自己的需求，也开始一点点懂得了自爱的意义。

放弃讨好别人，学会取悦自己，才会得到别人发自内心的喜欢、尊重和爱。一个人如果连尊重自己都做不到，往往也得不到别人的尊重。我们可以对一个人好，但别期待这个人也会那么对自己好。付出与得到，有的时候并不对等，一个人活着是为了成就自己，不要将别人的期待和喜欢作为衡量人生价值的唯一指标。

愿我们最终取悦的是自己。

远离拉低你下限的人，日子才会越过越积极

01

以前对大人护犊心切不理解，觉得孩子跟谁玩都行啊，孩子小，他们的世界没那么复杂，但后来发生的一件事改变了我的看法。

亲戚家的儿子，学习成绩很好，但很贪玩，并且是和一些常常闯祸的熊孩子一起疯，直到上初中还是如此。亲戚的儿子甚至觉得，在酷酷的"坏孩子"堆里也吃得开，是一件倍有面子的事。他的父母多次规劝，让他与学习好品行好的同学交朋友，他嗤之以鼻，嫌弃这些人死板。

亲戚千防万防还是出了差错，他们的儿子居然和几个流里流气的同学参与了一起抢劫案，影响恶劣，差点被学

校开除。

孩子为此事抑郁很久。他利用一个暑假清理自己所谓的"广人脉"，该断的全断掉，该推的一律推掉，和几个热爱旅行的朋友出去玩了一圈，反思了一路，认识到别人对自身的影响远比想象的要大得多。

物以类聚，人以群分；近朱者赤，近墨者黑。不要低估身边环境的影响力，坏的影响就像温水煮青蛙，是一点一点袭击而来的，不可能一下子露出狰狞的面目，而好的积极的影响，则是又慢又难发现的。

但好的积极的影响，往往就藏在日常生活中，一句话、一个眼神、一个动作，就可以心领神会。"嗯，我喜欢他！""他总是让我感到舒服自在！"这种感觉，就对了。

我们都曾听说过"垃圾人"，而拉低你下限的人，有时比"垃圾人"更可怕，因为他是让你浑然而不自知地不断降低自己的目标、不断向自己投降、不断放任自我，等到察觉醒悟时，可能为时晚矣。

02

我对香烟味极其敏感，以前在家的时候，最担心的事是我爸学会抽烟。当时爸爸的牌友来家里约他出去打牌，会先递根烟聊聊天，通常我爸会把香烟夹在耳侧，有时也接受别人递过来的打火机。

等爸爸打完牌回家，我会跟他普及各种关于抽烟伤肺的知识。我爸回我："别担心我会成为烟鬼，看你爷爷多痛苦，我还是有自己的原则的。"我的担心纯粹多余又无用，且不说小孩管不了大人的事，一件事只要你自己觉得是不好的、坏的话，你本能地不会去触碰它们。如果明知道，有些人认识了很痛苦，有些事做了很后悔，你还坚持要去做的话，无异于任由外界拉低自己的下限。真正生活愉快的人，很少跟别人比下限，而是拼命追逐自己的上限。

大学考英语六级，有的人过了还继续考，甚至拿到600＋的高分，而有的人会劝你，过了就行了，成绩低点还是高点没有任何区别，可能这时的你会选择妥协，继续待在自己的舒适区内。

远离那些拉低你下限的人，特别是在你意志力不够坚定的情况下，选择与积极的人在一起，而不是与那些时刻拖后腿的人为伍。

03

朋友和男友分手后，我们一阵欢呼，庆祝她恢复单身，一段令人窒息的恋情，早点结束早点解脱。

人是分了，养成的坏习惯还残留。

朋友曾说，看着烧烤摊上密密麻麻、颜色鲜亮、裹满辣椒的烧烤，就觉得胃疼。如今她自己却戒不掉外出吃夜宵的习惯。等到脸上隔三差五爬满痘痘，有的甚至有流脓状，她才意识到情况不妙，看了十几次医生，灌了几十瓶金银花露，不见好转。

我劝她："别折腾了，管住嘴，迈开腿，多喝水，全搞定。"采用打卡监督罚款制，效果果然出来了，现在走进超市，她一般都不去零食区，水果蔬菜成了购物车里的常客。

多吃蔬菜水果少吃烧烤可以不长痘，可以变美变白变健康，很多耳熟能详的常识不用多说，大家都明白。我想说的是，当身边的人、事、物令你不舒服了，你可以选择离他们远一点，再远一点。

鞋子合不合适，只有脚知道；状态顺不顺意，只有心知道。我们既不要忽视潜移默化的深远影响力，也不要低估物以类聚的强大同化力。人极其容易受到周围环境的影响，但当你感觉身体被掏空、内心很煎熬，又有什么理由不远离？

圈子是人定的，如果圈子令你感到困扰，甚至不知所措，你完全可以抛弃不好的圈子，选择好的圈子，让自己的日子过得舒心点，真的比什么都要强。

在日常生活中，也要学会经常反思自我，你的状态令自己满意吗？你所做的事、所遇到的人、所追求的物，令你整个人积极吗？审视自己，才能发现问题。如果周围的一切已经令你难受，很想要逃脱，有什么理由不行动起来？

还要任由别人继续伤害自己吗？你完全可以选择自己喜欢的，拒绝自己讨厌的。

日子是过给自己看的，每个人都想要过得积极点、阳光点、向上点，能量满一点，但舒不舒坦，轻不轻松，只有自己的心知道。

不和别人比下限，也不允许别人拉低自己的下限，做一个有原则有底线的人，不是一句玩笑话，而是积极生活的宣言。

别人对你的态度，取决于你的价值

01

电视剧《上海女子图鉴》里，女主角罗海燕去见未来婆婆，自己舍不得花钱，穿着廉价款的衣服，而给婆婆买了两千多块钱的燕窝，然而即使这样，婆婆依旧不喜欢她。

罗海燕百思不得其解地问同事 Kate，Kate 说自己去见婆婆时，全身上下都是名牌，不好意思空手所以买了 50 块钱的水果。

每个女孩第一次去见未来婆婆时，都会做的一件事是尽己所能讨好老人家，但她们常常忘了一件事，就是取悦自己。未来婆婆对你的态度，很大程度上取决于你自身的价值。当你具备的条件符合未来婆婆的预期目标，她才可能真心实意喜欢你、接受你。

所以不要对别人冷漠的态度失望，也不要绞尽脑汁地想"为什么我对他那么好，他就是不喜欢我？"问题的实质是核心指标未达到。浅层次的指标诸如你的外貌身材、你的言谈举止、你的习惯等，深层次的是你的家教、你的教育背景、你的职业月薪等。

不要总以为尽最大努力讨别人欢心，别人就会喜欢自己，其实别人真正希望看到的是你自身的本事。很多时候别人不是很在意你能给他带去什么、你能为他做些什么，别人在意的是你拥有的财富、怀有的才能和具备的实力等资本。

你的资本才是你的价值所在，才是别人真正感兴趣、会关心的点，才是别人对你态度好坏的评判标准。

02

因建房的先后，我老家的房子建在周方两家中间。周方两家是亲戚，但周家条件不错，方家条件很差，我家条件则和周家差不多。

在那样一种"格局"下，周家对我家的态度明显比方家热情。小到吃饭喝酒只喊我家不喊方家，大到借钱办事只帮我家不帮方家。

等到小孩成年以后，方家条件改善，筑了新楼，存了闲钱。周家对方家的态度发生大转折，由原先的冷漠变得近乎谄媚。方家的小女儿跟我聊天说："小时候特别讨厌那些狗眼看人低的亲戚，但我觉得他们冷漠的态度是另一种刺激，刺激我想要变得更好，变得更厉害。"

的确，打小就看惯了太多的人情冷暖、世态炎凉的孩子大多性子倔强、敏感不羁，他们更容易有所改变、有所作为，当然最后的结果很大程度取决于他们的想法和态度。

能够看清别人冷漠、无情的态度背后是功利心、金钱欲在操控着他们，就更应该努力壮大自己的力量。所以，当别人对你的态度很不友善，甚至将你看低时，不要去做无谓的争辩或是牵强的解释，学会接受和面对，用实力给以漂亮的回击。

绝大多数时候，别人对你的态度取决于你自身的价值，这是人性的弱点。我们无法要求别人改掉自身的缺点，我们只能去为自己不断增值。

03

朋友阿蒙在公司最先是做勤杂工，想不到一年时间升了两次职，如今已经坐稳项目经理的职位了。他请我们吃饭时，讲了他经历的一件很现实的事。

有次阿蒙跟老板出差，他负责给老板和甲方公司的代表买咖啡，那次合作不顺利，甲方代表对提议不满意。

很不巧的是，阿蒙在卫生间和甲方公司的代表遇到了，他鼓起勇气说了自己的看法，甲方公司代表对他阐述的点很感兴趣。但在互留名片之前，甲方公司代表说了这么一段话："你是负责买咖啡的，是没资格跟我谈判的，我都不会正眼瞧的，没想到你挺有想法的。"

当你只是一个跑腿的，别人觉得你连和他对话的资格都没有，根本不会正眼瞧你，而当你展现出自己具有价值的一面时，别人就会重新估量对你的定位。虽说如此赤裸裸的现实很伤人，但却是真实的生活。生活很残酷，职场如沙场，但我们都希望自己能更酷，真正做到靠实力说话、靠本事吃饭。

既然知晓这残酷的法则，我们唯一要做的便是耐心地打磨自己，尽最大努力让自己变得值钱，让自己成为一个于己于人双重有用的人。

04

学生时代，我们都遇到过偏心的老师。即便我们很听老师的话，但有些老师依然对有才华的学生另眼相待。进入职场后，即便我们处处为老板着想，但老板只欣赏有能力的人，提拔等好处也都第一时间想着他们。就连平时逛个商场，误入某品牌店，有的店员瞧见顾客是朴素的打扮穿着，大多会冷眼相待，甚至置之不理，而对一身名牌的人态度近乎谄媚。

……

越长大越释怀，也越明白一个道理：别人对你的态度等价于你在别人眼中的价值。所以要学会收起那些无谓的羡慕和嫉妒，默默鼓劲充实自己才是王道。

很多时候，我们听话懂事、认真完成任务不出错，我们掏心掏肺对一个人好、处处为对方着想，最后却常常换来冷漠和不领情。我们为此苦恼、哀叹，其实真相很简单，对方从你这里得不到他想要的、对他而言有价值的东西。

这不是功利，是人性使然，是现实最真实的样子。而我们要做的是，努力让自己成为一个有用的人，先对自己有用，提升自己各个方面的实力，再实现对他人有用的目标。

当你真正变得有用、变得对别人有价值时，赢得的是别人善意而真诚的态度。就像人们常说的，你若盛开，清风自来。其实不需要刻意去合群，去壮大自己的社交圈子，当你足够强大的时候，合你意的不请自来。

所以，不要迁怒于别人对自己的态度，而应该努力壮大自己的实力，成为一个不可或缺、不被替代的人。

别让敏感成为受罪的根源

01

在公园散步，身旁的花丛中，有一只蝴蝶在翩翩起舞。我屏住呼吸蹑手蹑脚，刚靠近一点，蝴蝶就飞远了。

"蝴蝶可真敏感啊！"我心里嘀咕了一句。

想起小时候，夏天蝴蝶又多又漂亮，我们拿着丝网、铁丝和竹竿，绑成一个捕蝴蝶的网兜，在晒场上玩得忘了时间。那时我就意识到，美丽的蝴蝶，敏感的精灵，我们是抓不住的。

敏感的蝶不想被人抓住，可以倏忽逃离人的掌心。可人要是被敏感攫住了心，该如何处之？

曾经，我是一个极其敏感的女生。哪天老师上课眼神没有扫过我，我会觉得自己不是老师眼里的好学生；长辈训斥一群人用手指了一下我，我会觉得都是我的错；坐飞机被机长"不屑"的眼神白了一眼，我会想很多，扰乱整个旅程……

这种敏感脆弱的糟糕情绪体验，伴随我整个学生时代。印象深刻的一次，我把喝不完的学生奶分给座位离得近的同学，当时也给了我的男神一盒，让我感到开心的是：他没有拒绝。

男神学习成绩很好，而我学习则不如他；男神家境不错，而我家里条件很差；男神长得好看，而我是扎在人堆认不出的那种。所以当他接过我小心翼翼递出去的牛奶，我的内心高兴又忐忑。

吃完晚饭我回教室的时候，看到男神座位旁边的垃圾袋里，躺着我刚刚递给他的蓝色的牛奶盒，我心里一惊。当时满脑子想的都是，"觉得我差连我给的牛奶都不愿意喝，不喝就算了还扔垃圾袋里，扔垃圾袋就算了，还不挑个地方，明明知道我一进教室就会看到的……"

这份敏感多疑的小心思困扰了我整个晚自习，我看不进去书，无法安心做题，总感觉自己好不容易拾起的那点自信被丢进了垃圾袋似的。

下晚自习后，等同学都走光了，我跑到男神的座位旁，从垃圾袋里掏出那个蓝色的牛奶盒，结果盒子很空很轻，倒不出一滴奶。

原来他喝了我送给他的牛奶，只是他不习惯将空牛奶盒压瘪再扔进垃圾袋而已，是我想多了。都说敏感的人往往容易想太多，最后伤了自己；敏感的人也往往会想太久，最后忘了自己。

因为我们想得太多，结果却都想错了，白白折磨了自己，又浪费了精力。

02

我清晰地记得那一天，农历三月初三，家乡的鬼节。

初中班主任站在讲台上神色凝重，低沉着声音跟我们说了一件事：他的一位得意门生，那个以全县第一名的成绩考入市重点高中的朴素女孩，跳楼自杀了。

那个女孩日记本里最后的信息是：当我走在校园里，背后有两个女孩在讲话，我觉得她们是在议论我；当那两个女生突然笑出了声，我觉得她们是在嘲笑我……

当别人都在指责她的心理素质太差，白白浪费优质的教育资源，她的父母该有多么痛心的时候，或许只有我体会到了她那颗孤独敏感的心。

她没有朋友，习惯了独来独往。她的父母老来得女，家里却一贫如洗，从小她就被涂上了自卑的底色。即便成绩出色几乎次次考第一，依然拯救不了她的敏感多疑，她将三国枭雄曹操那句"宁我负人，毋人负我"作为座右铭。

有人说她真自私，典型的利己主义，其实她只是敏感到怕被人辜负，她的心是脆弱不堪的。她的敏感或许是源于家庭的自卑，又或者是天生的。不可否认，她是一个聪明且感知丰富的女孩，她看得很远，但却看不透许多人和事。

都说敏感如蝶的女子，她们心思细腻，情感丰富，能感知到许多被人遗忘的细节。可也正因这敏感的特质，她们往往藏着一份不为人知的小心思，是痛苦还是甜蜜只有她们的心会诉说。

03

那个女孩终如一只翩翩起舞的蝶，飞走了。当她逃离人间的那一刻，释放了所有的不安和苦难，也葬送了所有的可能和希望。

我没有她的勇气，我不敢逃离人间，我曾经一度逃离我不愿触碰的人和事。因为我没有胆量直面问题，也没有勇气改变自己，所以我选择逃避。直到后来，我开始学着接纳自己，也开始正视自己的敏感心理，才发现有很多问题真的不一定要去解决，当你选择远离它，或许它就远离了你。

生性敏感，那就把敏感当作自己的特质，当作上天赐予的礼物。天生敏感的孩子，有更细腻的情感，更敏锐的观察，更丰富的感知。他们的世界五彩斑斓。

不那么幸运的是，很多人的敏感多疑都是后天因素导致的，这样的孩子往往活得更累更苦。他们被涂上自卑的底色，习惯了胡思乱想，也经常把自己带入焦虑和恐惧的深渊，容易受伤、不容易幸福。可不管是哪一种原因，敏感如蝶的你，一定都受了不少罪。

虽然生性敏感是不容易改变的，但我们有权利选择自己想见的人和事、想听的他和她。命运赐予我们敏感的心，我们可以学会掌控自己的情绪，学会换一种角度想问题，去选择让自己过得快乐的生活方式，而不是让自己走入死胡同。

有时你所谓的合群，很可能耗费了青春

01

昨晚，上大二的表妹跟我视频聊了一个多小时。表妹说自己睡眠质量超级差，让我给她推荐一款质量较好的防噪音耳塞。

我问她寝室几点熄灯睡觉，她说自己每天12点钟才爬上床，可寝室其余三个女生的夜生活则刚开始，通常到凌晨三四点才结束。表妹说一直以来她总是强迫自己融入她们的圈子，但现在唯恐避之不及。她厌恶作息黑白颠倒，以及精神状态差到爆的自己，每天都觉得没劲。

表妹说："那种晚上熬夜浪费时间、白天补觉浪费时间的圈子，简直就是在扼杀我的生命，我承受不起。"

大学宿舍是一个小团体，大家一起追剧一起八卦一起失恋一起颓废，相互影响感染着彼此。只是夜深人静熄灯入榻时，总有强烈的孤独感席卷全身，不觉冷得瑟瑟发抖。

因为你过得不充实，你满足了热闹却没有满足感，你成就了同进同出同吃同睡，却没有成就感。

你不会知道的是，大学很多人的迷茫只是因为合错了群。在意识到有些抱团纯属无用，明白自己合错群的时候，懂得果断弃之，就是为青春的消耗画了一个休止符，就是扔掉了一根食之无味、弃之不可惜的鸡骨头，又有何损失？

02

大学时，在很多同学眼里我就是个异类。没有朋友没有圈子，沉默寡言孤僻冷漠。我能感受到来自周围热闹气息的嘲讽，嘲讽我的不合群。

其实之前我也在早起的时候，等室友们一起弄好再去教室，在食堂等室友们吃完再一起回寝室，下自习等室友们拖拉到很晚才一起回去洗温水澡。每次看着表上的秒钟永不停歇地往前赶，时间一分一秒流逝，想着自己还有那么繁重的课业，我深感焦躁不安，觉得浪费了大把的时光。

后来我脱离了室友们的圈子，习惯了独来独往，我拥有了很多专属时间，不聪明的我需要大把的时间来学习，我浪费不起。

其实很多时候合不合群不是人的问题，也不是群的问题，只是人不适合那个群，同样群也不适合那个人。无需强迫自己融入那些不适合自己的圈子，那些明显弊大于利的圈子使得自己的计划一再搁浅，做事分不清轻重缓急，日子渐渐过得稀里糊涂。

在感叹岁月欺年少，青春总茫然的同时，不妨审视一下自己进入的某些圈子，是不是拉低了生活的质量？毕竟物质水平并不是生活质量的唯一评价标准，有时间坐下来喝杯花茶、阅读一本中意的书籍也是一种获得幸福的途径。当获得内心的满足感时，生活质量也就随之提高。

成年以后更加懂得这个道理，那次被头痛折磨半个月后，我推掉了几场聚会，退出了好几个微信群，删除了一些广告推销的"微信好友"，顿觉心情舒畅不少。

远离那些拖累自己的圈子并不是坏事。不合群的人不是怪物，不是异类，像那些喜欢抱团扎堆的人一样，大家都是常人。

03

前几天，好友方芳问我最近在看什么书，她的书单已经看完了。我问她工作不忙吗？有这么多时间看书。

她说自己除了公司常规的聚会，其余时间没怎么和同事们聚在一起消磨时光，通常一个人看看书，喝喝茶，很惬意。

方芳是我大学好友，她是独生女，从小性格孤僻不怎么合群，习惯独来独往。上大学后她想尝试改变，因为家长担心她不善于交际。结果在大学里她活成了"讨好型人格"，努力尝试融入很多圈子，最后却没有交到几个志同道合的朋友。

毕业时我请她吃饭，一瓶啤酒下肚，她有些微醉，眼圈红红地说道："混了三四年，到头来我才知道，善不善于交际和合不合群真的没有半毛钱关系。"

现在我和方芳一直保持着联系，因为我和她很像，给人的感觉很冷，不爱说话不怎么合群，没有合适圈子的时候，都很享受孤独。

害怕孤独的人不会懂，享受孤独的人既善于独处又可以合群。没有人生来便喜欢孤独，享受孤独的人不过是在选择圈子，而不是盲目合群，因为他们清楚地知道，盲目合群只会浪费时间、消耗自己。

04

我们小的时候总被大人教育要合群，孤僻没人喜欢，等到长大以后才发现大人有些话是不对的。

害怕别人觉得自己不友好而合群，然而，那些存心看不惯你的人，即便你很合群，他们还是会对你指手画脚，说三道四；害怕孤独而习惯了假装合群，久而久之才知道有多么累，多么苦不堪言，假的始终成不了真。

有些圈子只适合远观，有的人真的只适合当局外人。如果偏偏要去凑热闹，硬要挤进去，最后只会更加孤单，因为热闹是别人的，自己什么也没有。

有强撑的勇气为什么没有孤独的胆量？要知道生而为人，孤独是一门必修课，而合群只是一门选修课。一个人不可能完全意义上脱离社会和群体，然而一个人也不一定要合群才讨喜。

很多时候我们所谓的合群，浪费了时间和光阴，消耗了青春和岁月，却身处其中而不自知。这样的合群是悲哀孤寂的，夜深人静的时候总会失眠问自己，我到底想要什么？

没用的群退了，让自己打开手机看到的是重要的消息；没用的人删掉，让自己打开手机可以舒心；没用的圈子不要强迫自己融入进去，生而为人本就不易，何苦让自己活得那么累？

很多时候，不是一类人，真的不必强融，把时间用来充实完善自己，当你变得足够优秀足够强大的时候，合你意的圈子不请自来。

生活就像积分赛，不要做无谓的消耗

01

朋友看完世界杯后，问了我一个问题：韩国赢了德国却出局，日本输给波兰还晋级，真心搞不懂为什么？

我回她：“足球是积分赛，按小组积分来排名的。”随后在心里偷笑了一下，也只有像我们这样的伪球迷才会问出这种问题。

朋友好像对积分赛完全不感兴趣。她若有所思感叹道：“前面输得太多，后面即便赢也会出局，相反前面若输得不惨，倒是有起死回生的可能。”

忽而想到生活，不也是一个积分的过程吗？只有前面把基础打牢靠，不做太多无谓的浪费，后面才能越走越顺；假若前面消耗得太多，后面很可能会垮掉。

02

我有一个闺蜜，今年 26 岁，据我所知她单身了好多年，丧失掉爱的能力，同时自我放逐，无辜消耗人生最好的年华。

　　13 年前，她 13 岁，念初一，喜欢上了镇上一个叫阿涛的男生。阿涛十七八岁，雨季的年纪喜欢到处闯荡。镇上的人都说阿涛不务正业品行不端，可闺蜜在搭乘了一次他的顺风车后，便喜欢上了他，心动的感觉如雨后春笋般萌芽了。

　　后来阿涛犯事坐牢，那年闺蜜高三。她填报志愿去到阿涛坐牢的城市，待了四年也没能见到阿涛一面，阿涛拒绝见任何人。从豆蔻年华到青春的尾巴悄然逝去，她一直在空耗着自己。

　　都说人生最难过的一关是情关，但对于闺蜜而言，比情关更难过的是心关。阿涛其实没有喜欢过她，一直把她当作邻家妹妹。她付出那么多最后都是徒劳无功。

　　与重点高中失之交臂，大学四年的茫然无措，考研答完政治便弃考，这些内心的无奈与心酸，她无法说出口，因为是她自己心甘情愿的。她在信里写道："我就是不想变好，如果我越来越优秀，那样的话，我怎么配得上他？"

　　曾经执拗深情的人，如今感情世界却是一片苍白。丧失掉爱的勇气还有能力去爱吗？如果明白青春只适合怀念，懂得适可而止停住自己的情感内耗，或许感情世界早就得到了充盈，人生也会又上一个台阶。

　　但感情的事谁又说得清楚呢？如果阿涛像闺蜜一样也心心念念她十几年，那么闺蜜的一切付出都不是白白浪费，不管最后他们是否在一起。

感情最怕单恋，因为你的付出、你的牺牲都是你一厢情愿，无处安放的爱情可怜又可怕，就像是自己和另一个自己彼此安慰。

爱情很贵，不舍浪费。喜欢而不得，深埋心底偶尔想念就好；爱而不能拥有，学会放手才是解脱。一味地沉沦，不光消耗自己，更磨损掉爱的能力和勇气。

03

有一段时间，我陷入写作的瓶颈期。我知道这一天迟早会到来，长期以来我输入量缺乏，还没有摸索出自己的节奏感，还没有形成自我特色。假若度过瓶颈期，坚持下去会成为自然而然的一件事；要是度不过去呢？放弃也会变得理所当然。

内心隐隐不安，甚至有点慌。于是，我浪费时间做了一些消耗自己的事。计划阅读的书籍捧在手里脑袋却是空白的，我不肯放手；素材弹药库一刷一整天仍找不到话题可写，我不肯死心；一直握着手机，紧盯着屏幕眼睛被灼得生疼，我不肯休息。

直到昨天在社区图书馆遇见南希希，一个嗜书如命、专写连载的才女。我在休息厅跟她闲聊了心事，她安慰我这是很正常的状态，喜欢写文章的人都会遇到这种情况。

临分别，她递给我一个小纸条，上面写着：我以前和你一样傻，傻傻地浪费时间折磨自己，后来我出去尽情地玩，尽情地放松，回来后继续按部就班地看书，充实自己，没想到状态又回来啦！

一张小小的便笺，几句暖暖的话语，着实安慰到我，有种顿悟的感觉。我知道自己排遣的方式是错误的，所以要及时改正，不要继续消耗生活和浪费时间。

我丢掉书，关闭手机，痛痛快快追完更新的综艺，然后去森林公园散步，晚上享受一顿美食，内心顿觉平和了许多。是我太着急了，因为太着急所以会拼命掩饰自己去做无谓的消耗，比如浪费时间、折腾眼睛、强迫神经，何必无辜透支自己？

想通以后，心态渐入正轨，用一颗宁静平和的心，去捕捉生命里稍纵即逝的灵感，然后试着写下，试着与人分享，而不是用消耗的方式扼杀掉它。凡事都是一点一点积累的，没有谁能一口吃成个胖子。不要急着找灵感，着急只会消耗自己。学会去遇见，然后捕捉生命里美好的一切。

04

生活是一场积分赛，你多拿一分，往后就多一种可能性；你若输得多，往后的困难无形中增加。在这场积分赛里，你赢的每一分都算数、都有效，都不会辜负将来的你。所以，多做有用功少做无用功，多拿分少丢分，为自己日后争取更多更大的机遇。

对于爱情，相爱很多年而分手的，并不是最可惜的，因为彼此过去的那些年，双方都在付出。相反，一直固执地爱一个不爱自己的人，无辜透支自己的热情和深情，浪费时间、浪费生命，最后丧失爱的能力，这才是可怕的。

所以越来越多的人选择了单身，没人可以爱的时候宁愿独身不去爱任何人。因为除了爱情还要生活，还要留着力气去遇见真心与自己相配的人。学习、工作的应对原则同样可以借鉴爱情，没有头绪没有灵感的时候，静静候着，该娱乐则娱乐，该休息就休息，不要做无谓的消耗，得不偿失。

有时，静静地等待甚至好过无谓的消耗，因为消耗会削弱自己目前的力量，摧毁自己当前的状态，而静静地候着至少保持了当下的处境，是一种自我保持的方式。等到状态回升，一步一个脚印稳步赶超完全有可能。生活中，我们可以执着，但不要认死理；可以倾诉，但不要倒苦水；可以静静等候，但不要无谓的消耗。

因为，此生很贵，我们都浪费不起。

太在乎别人的看法，你无法静下心做事

01

学妹今年大二，最近遇到一个大难题。因为短视频火爆，寝室其他女孩纷纷紧跟潮流，除了她。就因为她不玩这些软件，便无形中感觉自己很难融入室友们的圈子，似乎沦为一个局外人，她很纠结要不要加入她们的队伍。

我问学妹为何纠结，她觉得自己因为没有跟随潮流会被室友们当作异类，她讨厌那种被抛弃的感觉；但看到室友们沉迷其中，如同上瘾一般伤神又费时，她特别怕自己陷进去没心思搞学习。

听完这纠结的理由，我没有建议她玩，也没有建议她不玩，只问她最想做什么事情。学妹说前段时间又在网上买了四百多块钱的书，接下来的计划是把那二十多本书慢慢看完。

那夜简短的聊天后，我想学妹心里已经有答案了，也知道了自己的选择。大学有种不后悔的活法就是，无惧他人眼光做自己最想做的事。

虽说大学是个小社会，但这个小社会你终将退场。只

有抓紧有限的时间做未来无限受益的事，才能证明别人多么无知又无趣。

一个人太在意别人的看法，根本就无法静下心来做专属于自己的事情。因为脑海中充斥的全都是大众的想法，所以很少去考虑自己喜欢什么，想要什么。

02

半年前朋友搬新家，约了男男女女一大帮人在家里聚餐，饭后每个人都低着头捧着手机玩游戏。

我向来对游戏不感兴趣，便拿起遥控器搜索了一部一直想看的纪录片，躲在一旁津津有味地欣赏。朋友劝我好几次加入他们一起玩，我都以不会玩为由拒绝了，心直口快的朋友当时便不高兴地嘟囔着真扫兴。

在潮流泛滥、娱乐至死的时代，如果你不去趋附的话，总是会显得与周围的一群人不协调不相容。如果因此害怕别人的眼光、别人挑剔的语气和态度，那么就是在向自己妥协。一旦向自己妥协，看似融合了大众实则让自己陷入更加不快乐的境地，因为内心浮躁。

我最大的缺点是遇事一根筋，只顾闷头做自己认为对的事，因此没能交到多少知心朋友。可能别人觉得我太过自我，但只有我自己清楚，我只是不想过多去在意其他人对我的看法，所以孤独是我的，自由也是我的。很多时候，能静下心来去做自己喜欢的事比无意义的随大流更能让人体会到生活的美好。

当一个人没那么在意外界的眼光时，做起事来会少许多的盲从性和随大流，也没有那么多的畏首畏尾，取而代之的是，可以安安静静做手头的事。

03

我有一个表姐，她上大一那年刚好碰上播放《爸爸去哪儿》第一季，室友们每天把中饭拿到宿舍吃，边吃边追。

表姐有轻微的胃病，吃饭时静静吃饭不做其他任何事情，饭后看几页书睡个午觉，调整好状态下午去上课。就因为表姐的这种表现，有室友指责她性格高冷，甚至刻意孤立她。到现在《爸爸去哪儿》已经播出好多季了，表姐也活得越来越独立。

表姐说当时她特别想跟室友解释自己的身体情况，但后来她委婉地说过几次后就放弃了，并明白了一个道理：自己的人生永远只能自己来背负。普通话拿不到二级甲等就当不了语文老师要跟室友解释吗？高数补考不过只能等毕业清考要跟室友解释吗？

不想追的剧不追，每个人都有自己的兴趣爱好；普通话该练则练，成为教师是自己向往的；高数烧脑又费时，没人愿意等到毕业清考。别在乎别人随意的评价，你需要做的是对自己的人生负责。

我上大学那年向表姐取经，她送给我下面这段话：如果害怕被指责不合群，害怕被嘲笑假正经，害怕被贴上伪勤奋的标签，你将庸庸碌碌度过大学四年。

一个人如果从未被人议论过，那么这比被人议论更惨。当你渐渐习惯了去做自己的事并且做出一些成就时，那些议论过你的人自然就会闭嘴。

04

人们头脑里面的认识和见解，绝大部分都是虚假荒唐和黑白颠倒的。因此，这些见解本身并不值得我们重视。

所以，一个人太在乎别人的看法，根本就无法静下心来做自己认同欢喜的事。他们的心里全都被别人随心所欲毫无意义的想法和观念充斥着，做什么事都害怕后果。除非他们不那么在意外界的眼光，否则他们很难明白，越是在意别人的看法，就越会让别人的虚假荒唐和黑白颠倒操控住自己的思想，限制着自己的行动。

生活中那些不在乎别人看法的人，他们往往都活得真实而潇洒。他们平凡但不平庸，静心做自己认为有意义有价值的事，享受那份难得的踏实和幸福。

不在意别人的看法，在很多场合很多情况下，能助你脱离困境。就好比人们常说的"谁在乎谁就输了""谁当真谁就败了"是一样的道理。很多人都知道太在意别人的看法，会束缚自己的行动，自己给自己找不痛快，但就是做不到不在乎。

实质是因为他们还没有内化这种思维的意识。只有拥有了这种思维力，才能随心所欲做自己的事，而不是在乎别人的挑剔。永远记住一句话：我们是寄居在自身的皮囊里，别人对我们的看法，毫无意义。

爱得很深很卑微，失去自我失去他

01

年前参加高中死党的婚礼，席间听到一个令人惋惜又觉意料之中的消息，高中学霸和班花六年恋情宣告结束。

高三时，我们便感觉班花变了，生活的重心偏向那位学霸，穿着打扮是他喜欢的萝莉型，大学四年朋友圈的喜怒哀乐几乎全都关于他。曾经那个随心随性活泼亲切，给人感觉很舒服的女孩儿哪去了？

六年的时间，好像她的生活里只有男友，而她那位学霸男友的朋友圈除了她，分明有一大半是关于自己和朋友。

班花全然没了最初的样子，她活成了对方想要的样子，最后却不被对方所喜，这样的爱情真的难以为继。六年时间，分分合合闹了几十次，最后一次男生没有挽回，女生才决心离去。

太爱一个人真的会失去自我，这种失去有点像温水煮青蛙，是在不知不觉中一步一步一点一点失去的。为了他，先是丢掉了自己的兴趣爱好，后来打乱了自己的计划安排，最终失去自己的交际圈子，一门心思只围着他转。

可他不是太阳，他只是普通人，无法为你点亮缺失的光芒。在爱情里失去自我的一方，由最初的甜蜜喜悦，慢慢演变为一个人的苦不堪言，结局只能是以分手终场。

02

我和顾风相恋两年，平时我总会烧他喜欢的辣菜，看他喜欢的恐怖片，陪他去他喜欢的城市旅游。虽然我一吃辣肚子就疼，一看恐怖片晚上就噩梦连连，出门旅游就会水土不服，可我就愿意为他做这些，无怨无悔。

后来，顾风因工作原因外调，我们开始了异地恋。他说想我的时候，我会开始收拾行李，他说很想我的时候，我已经在打车前往机场的路上。

在这段感情里我越陷越深，越来越迷失了方向，直到顾风突然向我提出分手，我发现我已经全然忘了自己。我哭着求他不要离开我，我哪里做得不好我改。他丢给我一句："我觉得你活得越来越像我的保姆，完全成了这场爱情的附属品。"

附属品是什么？我想到的是超市里买一送一赠送的商品，赠送的是没有价值的，是可以被替换掉的。那种感觉很绝望，慢慢看清，看清自己真的要失去他了。慢慢明白，明白分手才是最后的解脱。

在爱情里找不准自己的位置，迷失了自我的人，往往沦为爱情的附属品，最后的结局是你将爱情抓得越紧，它逃得越远。

如果深爱一个人，一定要学会说服自己，不要把他当成全部，因为他本来就不是你的全部。

03

室友圆圆是个很了解自己的女生，她了解自己的穿衣风格、饮食习惯和生活规律。可自从交了男友，圆圆大小事都听男友的安排，变得越来越没有主见。男友说的话都是对的，男友做的事都是合理的。

男友想看她穿球服，她立即购买不适合自己的肥大球服；男友爱吃夜宵，她陪男友夜夜流连烧烤摊；男友去网吧通宵打游戏，她顶着长满痘痘的脸彻夜作陪。

男友成为她生活的全部，每天患得患失，她不再和我们一起学习、一起进步、一起规划未来了，她的世界只有男友，连自己都忘了。激情退却以后迎来的是对方的负心和薄情寡义，圆圆的男友后来喜欢上了别人。她的争吵不休和哭闹纠缠，被对方视作无理取闹和无可救药。

喜欢一个人并为这个人付出没有错，错的是一味地爱和付出。在这个过程中只会越陷越深无法自拔，而对方感受到的是厌烦和心累。爱情其实是不讲付出和回报的，当付出和回报已经很不对等的时候，当自己越来越迷失自我的时候，内心的失望便会慢慢吞噬曾经的美好。

爱情不应该令人失去自我，而应该是共同进步，成为更好的自己。最理想的样子就是舒婷笔下的"仿佛永远分离，却又终身相依"。

04

爱他七分足矣，留三分给自己，女人应该要有自己的灵魂、有自己的思想、有自己要做的事。独立和专注会增添一个人的魅力，更会让你懂得在爱上一个人的同时保持自我。

爱别人的时候，如果失去了自我，你会爱得很苦很累，更加得不到回应，如张爱玲说的，爱一个人会卑微到尘埃里。很多失败的爱情，不是不够爱，也不是因为金钱、房子和车子，更不是对方太优秀你配不上，只因为你在爱情里迷失了自我。

迷失了自我的爱情伤痕累累，黯淡无光。在爱情这场你来我往的拉锯战中失败的一方丢盔弃甲，成为爱情的逃兵，演绎着一个人的悲伤逆流成河，在破裂的感情世界里迷茫徘徊。

殊不知，他最爱的那个你，其实还是最初的那个你。在爱情里要学会保持自我，永远不要抛弃你原先的朋友圈子，永远不要放弃自己喜欢的事情，永远不要丢掉自己的生活计划，永远给自己和他留点私人空间。

他在你身边陪着你的时候，要好好爱惜你自己。他不在你身边陪着你的时候，更要好好爱惜你自己。如王尔德说的，爱自己才是一场终生恋情的开始。

朋友圈是秀场，你看到的不是全部

01

大学有个同学叫蔡雁雁，她的朋友圈是我见过最精致的，没有之一。

蔡雁雁朋友圈的图文堪比一幅幅壁纸，自拍照几乎没有任何槽点，旅行照不会看到闲杂人等，说说内容大多也是一副岁月静好的样子。我曾跟朋友说，这么优秀的女孩子，我有点想认识。朋友说，眼见不一定为实，就好比耳听为虚不一定正确，一样的道理。

后来我听说，蔡雁雁为了一张美美的自拍照会花很多时间倒腾妆容，因此上课常常迟到；和她组队旅行一次就不会有下次，她不跟队伍不看风景，只顾一个劲儿地摆拍。

前段时间，朋友突然跟我说，从不设置朋友圈权限的蔡雁雁设置了三天可见。那个女孩的朋友圈近乎强迫的完美，可完美并不等同于快乐，戴的面具久了反倒会有更多的焦虑。

其实很多人在朋友圈展示的，只是自己生活当中某一方面的样子。翻一个人的朋友圈，的确可以看出一个人的兴趣爱好和性格等，但更多时候，人们展示给外人的恰恰是自己最不愿意承认或最不擅长的一面。

想要真正了解一个人，需要在现实生活中打交道，朋友圈只是一个很狭隘的片面窗口。

02

朋友圈除了近乎强迫的完美人设，还有一类勤奋人设，报喜不报忧。报喜不报忧意思是只说好的，不说坏的，实际上是说假话。这一类以勤奋著称的人，他们的朋友圈满满的正能量，但现实生活中常常充满焦虑感。

　　我在某次读书会上结识一个同乡，小唯。她很可爱但不喜欢发自拍，小小的身体藏着巨大的能量，平时喜欢跑步、看书、练字和练习口语等。

　　小唯说每天睁眼第一件事就是各种打卡，但有时候很忙临到睡前才想起没打卡，她会一骨碌爬起来补上，要是睡前都未想起来，第二天她会很沮丧。我问她为什么会感到沮丧，她说想通过朋友圈监督完善自己，但是不希望别人看到一丝自己不好的方面，她想留给别人的是始终如一的好形象。通过朋友圈监督自己进步，本身是一件充满正能量的好事。但是如果不允许自己出错或失误，本身就是在给自己施压，无形之中将自己置于焦虑的旋涡。

　　小唯约我逛书店，其间她刷了托福词汇，打卡发朋友圈后舒了一口气。我问她累吗？她猛吸了一口奶茶，说有点。我让她配奶茶图片发个很累的吐槽，她连连摇头喊不要。我知道她担心破坏她一贯的勤奋人设，但是生活怎么可能只有好的没有坏的呢？不承认或不接受不好的一面其实是在变相给自己施压。

　　朋友圈并不是一个人的全部，最好不要做太多的认定和对号入座。其实，别人通过朋友圈看到的你，只是某一个时刻的你，真的不代表你在对方心中一直都是那样子。高尔基曾经说过：不用管别人怎么议论，谁都是自己过自己的日子。在漫长的一生中，人唯一应该持之以恒关注的只有自己。

03

大学寝室有次卧谈会，我问大家看到别人朋友圈发什么内容时，最感兴趣？大家无一例外选择了旅游选项。

室友妍妍离家很远，每次小长假她都会跟男友闹别扭。妍妍的男友是那种很宅、不喜外出的类型，每次放假只带妍妍在学校附近的景点遛遛。

妍妍不停翻着别人朋友圈发的旅行照片，各种美景美食美人，令她无比的羡慕。她把手机举到男友面前，说下次不陪她一起出去旅行就分手。

妍妍的男友劝她："朋友圈的旅行照片很多都是修图的效果，你不能只通过照片看问题啊，景区的食物真心好吃吗？景点的单独摆拍要等多久你试过吗？旅途的颠簸你受得住吗？"

这段话听着很像是托词，但在现实生活中的确是这样子的。只是坐车的辛苦颠簸、景点的人山人海、异乡的水土不服等，这些不愉快的糟糕经历通常不会出现在朋友圈。支撑旅行者快乐旅行的信念是，这个著名的地方我去过，朋友圈有我拍的照片，很多时候仅此而已。

其实朋友圈更像是一个秀场，很多人在场上尽情地展现自己最佳的一面。我们可以交流借鉴，欣赏点赞，评论羡慕，但不要将此当作别人生活的全部，以免影响自己正常的生活状态。

04

朋友圈是一个神奇的存在，有的人开了又关了，有的人关了又开了，有的人几乎不花时间去关注朋友圈，有的人则天天抱着手机刷朋友圈。

曾经听过一句特扎心的话，我跟我微信朋友圈里的绝大多数人，其实都不熟，有的甚至忘了是怎么加上的。是啊，你和别人都不怎么熟，别人发朋友圈里的精彩生活又有什么好羡慕的？

看到谁发了一盘精致的菜肴，你觉得自己也可以做到，结果在厨房整得手忙脚乱、天昏地暗才发现，真正完成那道菜肴哪有别人说的那么轻松；看到谁化了又美又省时的妆，你觉得自己化也很好看，结果时间大把大把流逝，你依然没弄好，先不说美丑的问题，别人说省时真的省吗？生活中诸如此类的小事真的数不胜数。很多人因羡慕别人完美的朋友圈，干扰到自己正常的生活状态。他们并不知道，也许那些将自己的朋友圈装扮得宛如一个闪耀秀场的人，可能也有狼狈、焦虑的一面。

真正令人舒服的朋友圈，往往充满着浓浓的生活气息，他们爱炫耀也爱抱怨，他们会欢笑也会痛哭，他们有苦涩也有甜蜜，他们活得很真实。活得真实的人，他们不惧人设崩塌，因为生活本就不容易。

不管你是在朋友圈里"装死"，还是在其他平台上"蹦迪"，都记得要活出真实的自己。活出真实的自己，才会呈现出一个真实的状态，不管是在现实生活中，还是在虚拟世界里，真实才不累。

收获好的爱情，请先做回自己

01

刷朋友圈时，惊讶地发现高中要好的朋友樱子，自驾去了她心心念念的稻城亚丁。我微信问她是如何做到的。樱子很快发来一条长消息："在成都刚好有个朋友就一起约了，出门做足攻略，手机充满电，车子加满油，兜里揣好卡就搞定！"

牛一般的体力、狼一般的战斗力形容樱子不为过，但她孤独无依的自拍身影却令人莫名心疼，我知道去稻城亚丁是她未了的心愿。2016 年的电影《从你的全世界路过》上映，我陪樱子去电影院凑热闹，陈末的那段情话令人为之动容：有一个地方叫作稻城，我要和我最心爱的人一起去那里。我要告诉她，相爱这件事情，就是永远在一起。

那时樱子刚经历一场失败的恋爱，听完陈末那段台词，她在昏暗的影院里哭得直抽抽。如今她独自去稻城看蔚蓝的天空，看白色的雪山，看金色的草地，看一场秋天的童话。

男友对她说过同样的情话，只是分手的理由太伤人，男友嫌她太黏人。我不这么认为，好的爱情只会嫌相处时间不够，绝不会腻。但樱子却拿不够独立"惩罚"自己，两年的光景，把自己活生生打造成"硬汉"，可以不需要任何帮助，所有问题自己搞定。樱子有点不像女孩子，倒像个男子汉。两年空窗期不是没有心动的，也不是忘不掉前男友，而是自己不再需要。

但不再需要依赖不等于不再需要爱情，上一段感情里学到的"失败"绝不该成为惩罚自己的过错，你依然是你自己的女孩。

女孩子可以强大到一人独扛，也可以幸运到有人陪有人宠有人疼。不是凡事都要自己扛才叫强大。一个真正强大的人是首先从内心散发出来的，一个真正独立的人首先是从思想开始独立的，不会因为他人的随意的几句评价而否定自己，不会因为他人所谓的不喜欢而妄自菲薄、放弃自我。

02

上大学时，我开始习惯长发披肩。每次放假回家，奶奶便会唠叨几句："女孩子不要披头散发，得扎辫子，扎了辫子还要留刘海，光着额头很不好的。"

这是奶奶对女孩外貌装束的看法，其实我知道奶奶想表达的意思，女孩子要有女孩子的样子才好看、才得体。女孩子本该是什么样子的呢？没有统一标准和答案，只是很多女孩子总是坚持了不该坚持的，独立了不应该独立的。

有一次租房的灯坏了，屋里一片漆黑，我打开手电筒，从厨房拖出木梯，找出备用灯泡跃跃欲试，但无法战胜内心的恐高症。后来，我给附近的一个同事打了电话，几分钟后，屋内亮如白昼。那个同事离开前说了一句："其实女孩子是不需要学会换灯泡和修马桶的。"

后来才知道，那个同事和他女友分手，竟是他女友"太能干了"。同事在家里找不到存在感，本该属于他分担和尽责的事，全被他女友抢着干了。女友把自己活成了"十项全能"的女汉子。

我们总说女孩子要独立，但当你独立到不再需要任何人的时候，或许爱情也随之远离。其实是我们误解了独立，女孩子最该修炼的独立能力是思想的独立、经济的独立和人格的独立。

有主见情感上不会依附，有积蓄可以支配自己的消费，有坚守的三观可以择一佳偶。这才是女孩最迷人的样子。这才是女孩该努力的方向。

坚持该坚持的，独立该独立的，这样的女孩闪闪发光，迷人又美好。

这个世界就是这样，好马配好鞍，好船配好帆，好的爱情配好的姑娘。要收获一份好的爱情，首先你得做回自己，不忘初心，保持真我。

期待别人终会失望，修炼自己才最心安

01

前几天闺蜜生日，我们在重庆会馆聚餐结束回住处时，她显得闷闷不乐。到了住处她从包里掏出一支口红，"啪"一声摔到桌上。我以为粗心的家伙弄错了色号，刚准备安慰闺蜜，她突然哭得很委屈，说盼望了一个月最后还是失望。

我想起一个月前，闺蜜总是有意无意当着她男友的面跟我谈论起一款口红。那款口红一支一千多元。看着闺蜜摔在桌上的那款普通口红，我能感受到她的失落。那份失落不是一千和几百的差距，应该是想试试自己在对方心中的分量，结果期待落空后的失落。

虽然花多少钱、买多贵的口红真的无法衡量爱情，但女生期望的就是那份礼物，得不到满足内心肯定无比失望。后来闺蜜利用空余时间，接了两份翻译的兼职工作。她说：

"累一点无所谓，能买自己喜欢的东西才是我这个年纪最该做的事。"

二十多岁的年纪，对恋人总是期待满满，小到一句清晨起床的问候语，大到一份价格不菲的生日礼物。除非你们是两个毫无瓜葛的陌路人，说对对方一点期待也没有，那是假话。

是人总会有大大小小的期待，不要总是因为对别人失望而伤心落泪。努力提升自己的物力财力，才会在任何时候都能够淡然以对。

02

"总指望别人能帮你，说到底是你自己没那个本事。"这句话是我十岁那年，我妈责备我时教给我的一个道理。

当时乡校合并，隔壁芳芳姐每天骑自行车载着我一起上学，清晨听到清脆悦耳的自行车铃声成了我最大的期盼。后来芳芳姐考去县城中学住校，我哭闹着不肯上学。家里也给我添置了一辆轻巧漂亮的自行车，我害怕摔跤不肯学。

在我爸的"威逼利诱"下，我终于学会了骑自行车，代价是左手手腕骨折，当时喜悦的心情完全掩盖了伤痛。我觉得自己掌握了一项本领，兴奋得想要昭告全世界。

别人可以载我一程却不能随叫随到，连最亲密的爱人也有缺席的时候。很多时候，期待别人像是落了一个"把柄"在别人手里似的。这个"把柄"威胁不了任何人，只是提醒你做不到。与其品尝愿望落空深感失望的滋味，不如付出时间和精力修炼自己，提升自己各方面的实力，毕竟底气十足的背后是实力撑腰。

那次经历让我明白，别人能做到的事，我通过努力一样可以做到，不期待别人是不想承受太多失望，只想享受心安理得。靠山山会倒，靠人人会跑，期待别人失望的概率会很大，唯有修炼自己，提升自己的能力，才最可靠。

03

我有一个表嫂，前不久二胎喜得子。婆婆称身体不好月子里也没搭把手，老公十五天产假休完就上班了，她一个人带俩孩子。

上次见她在朋友圈发了一碗泡面，我跟她说吃泡面对身体不好，她说实在顾不过来的时候，只能拿泡面垫垫肚子。

那天我们聊了好久，表嫂说生老大时特别希望有个人搭把手，哪怕是帮忙做顿饭也好，可得到的却是满满的失望。后来她习惯了不指望任何人，经常背上背着儿子，一手牵着女儿，一手拎着婴儿车，"全副武装"地出门。

当一丁点儿期望等来的依旧是失望时，便不再有任何期望了，也更加明白了凡事只能靠自己的真理。表嫂说：

"没有天生的坚强，只不过是受伤后的隐忍罢了。后来我学会凡事靠自己不指望任何人，反倒过得很舒心。"想着她一个人带着孩子，若是没人帮忙没人搭把手的话，那份辛苦只有经历过的人才有资格说理解。

都说熬过来就好了，只有熬过来的人才知道有多难熬。因为经历所以懂得，与其浪费时间期待别人，不如多花时间修炼自己。

04

我们习惯了期待别人，也习惯了期待落空后的失望。但其实，有很多所谓的"失望"，我们本来不需也没必要承担和过度在意。

总期待父母能对自己多点关心，不要被重男轻女的封建思想毒害，可是越期待越会难过。那就努力学习吧，成为一个优秀的人，不为取悦父母，只为尝遍凉薄的人情冷暖依然不会对世界失望。

总期待自己患难时朋友拉一把，不想让自己陷入处境堪忧的困境，可是越期待越会寒心。那就提升自己吧，成为一个厉害的人，不为取悦朋友，只为让自己成为一个对自己对别人都重要的人。

总期待自己能早日脱单有人爱，不想忍受孤身一人空寂寥的日子，可是越期待越会失落。那就充实自己吧，成为一个有趣的人，不为取悦别人，只为越过千篇一律的皮囊寻到懂你的那颗灵魂。

……

吸引力法则说，当思想集中在某一领域的时候，跟这个领域相关的人、事、物就会被吸引而来。但这并不意味着越期待什么就越会吸引什么。你之所以期待有人疼有人念有人爱，是因为你没有可疼之处可念之情可爱之心。没有，拿什么去吸引？越期待只会越失败。

不去期待别人就不会有那么多的失望，努力修炼自己成为一个有本事有能力的人，才会更加独立自主，才能获得更多的自由。期待别人终会失望，修炼自己才最心安。心安，是心安理得，是底气十足，是没有你我也可以过得很好。

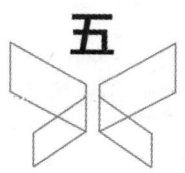

五

活出自我，从改变自己做起

感觉自己要废掉？ 现在行动还不晚

01

昨天去发小家串门，她正对着镜子挤脸上的痘痘，抱怨自己快要废掉，说好的坚持早睡，可一躺床上手机就丢不掉，一直玩到凌晨一两点。

我安慰她："现在过节，偶尔熬夜没关系。"她听了眉头一皱，向我哭诉熬夜玩手机的习惯已经有好几年了，平日白天上班晚上也熬夜玩手机到凌晨。难怪最近一两年见到她，无论是本人还是照片，她的脸都苍白无血色，充满憔悴和疲惫感。

玩手机很正常，但熬夜玩手机却是一个很不好的习惯。长时间的熬夜，不仅对双眼有害，人的精气神也会大打折扣。每次熬完夜放下手机的时候，内心是哀叹的。叹息什么呢？叹息自己怎么又这么晚才睡，叹息眼睛疼得睁不开，叹息明天上班好累好困……

这种后悔自责的情绪慢慢累积，天长日久会生出一种发自内心的无力感，感觉自己的生活要废掉，看不到希望。谁都不愿承受这种无力感，因为它会消耗我们的精气神，让我们的人生更加萎靡不振。

其实，睡觉的时候不带手机上床，这种情况就会改善许多呢！不信，你试试。

02

我在上学的时候，有一段时间突然变懒了，对任何事都提不起兴趣，只想抱着手机，刷朋友圈刷微博，追剧看八卦。碰到上午没课可以玩一上午的手机，肚子饿了上网点个外卖，午觉醒了也不愿下床。这种不思考、不学习、又懒又闲的日子持续了很久。

有一天，我问舍友："我是不是要废掉了？"她说，只要行动就不晚。我跑去学校图书馆前的草坪上晒着太阳反思自己，我看的那些信息、那些八卦对自己有用吗？

无用的信息输入对自己的生命简直是一种透支。只会越来越令自己走向废掉的道路，越来越加深内心的无力感，看不到前进的方向。

我厌恶这种一步一步废掉的日子，生命是有限的，要做有用的事。很多时候改变就是一个念头的事情，我开始学着制订计划，每天临睡前安排好次日的学习生活，第二天按照计划有条不紊地去完成。

虽然偶尔还是有懈怠，但我会尽力去做好一点，我不喜欢逼迫自己。看到自己行动起来有了变化，内心是欣喜的。

03

年前去姑妈家聚餐，表哥一直睡到中午吃饭才起床，见到我们的时候简单打了声招呼，就没怎么跟我们聊天交流了。吃完饭往沙发上一躺，捧着平板玩游戏。我把平板抢过来看视频时，他才抽根烟歇歇。我看到表哥胡子拉碴，精神不佳。

姑妈和爸爸在里屋聊天的时候，听到姑妈哭着说很担心表哥目前的状态，整天无精打采无所事事无聊透顶，对任何事都提不起兴趣。表哥这种状态其实不是工作后才有的，可能是慢慢累积形成的。他上的学校是职校，谈了六年的女朋友嫁给了别人，从此他便长期熬夜、抽烟酗酒……

这么废的经历真的会毁掉一个人的斗志。就在我也以为表哥无药可救的时候，他挖掘了自己的爱好，摄影。三年时间走遍全国二十多个省。今天才大年初三表哥又飞去北京，说是要在长城取一组景用于商业合作。

我也曾以为表哥这辈子会慢慢废掉，后来我才发现，积极挖掘自己的兴趣爱好并借此谋生，也可以摆脱生命的无力感。人生没有太晚的开始，只要积极行动起来，废掉的人生也会充满希望。

04

　　无力感是现代年轻人的一种普通感受。当我们被无力感操纵的时候，就会一步一步陷入迷茫、颓废的生活状态，感觉人生要废掉。

　　明明知道第二天要早起上班，却依然熬夜玩手机看新闻八卦，直到手机没电要关机了，才肯带着空虚悔恨躲进被窝。如果把熬夜看手机的时间用来提升自己，看看书，整理一下第二天的计划，那么疲惫的双眼会得到慰藉，第二天工作的辛苦也会有些许补偿。

　　明明计划好了周末收拾东西，打扫卫生，还自己一个安静舒适的窝，却在醒来后一直赖在床上不肯起床。如果没有毫无意义的赖床，而是按时早睡早起想必会有一个清醒的大脑、一顿丰富的营养早餐和充满活力的一天。

　　明明知道自己在寝室复习一定是做无用功，却依然不肯迈进图书馆的大门，将时间都浪费在吃点东西喝点水，玩会儿手机听会儿歌的无聊小事上。如果坚持去了图书馆，暂时关闭手机，认真完成了复习任务，考试自然游刃有余。

　　……

感觉自己要废掉，其实是没有积极有效的行动。积极有效的行动足以战胜内心深处的无力感，只有行动，才是力量的源泉。

因为没有考上理想的大学，没有追到心爱的女孩，没有做好自己想做的事，就对未来充满迷茫，每天不是做着白日梦就是谈论生与死……就这样，一步一步将自己的人生废掉。

可能你也知道普通二三本考研去名校的同学比比皆是，只是不愿意去努力罢了；可能你也曾经尝过辛苦追到一个压根儿不爱自己的人，那时才肯相信真正的爱情是两情相悦；可能你的迷茫就是因为缺少一个看得见的目标，你的颓废让你怕了你才知道，有目标即便没有完全实现但至少有事可做的状态是多么美好。

所以你感觉自己要废掉的人生，其实全都来自于你内心深处的无力感，而无力感是因为迷茫不知所措，迷茫是因为缺少积极有效的行动。

积极的行动并不是拼了命地努力，而是一步一步做好眼前和手头的实事，有目标有计划地去过每一天。我们不可能把每一天都过得非常好，但尽力了就不会后悔。生命是短暂的，废掉的不会再回来。所以行动积极一点，生活会轻松许多。

"丧"不等于放弃努力，给自己一片缓冲地带

01

前几天，联系上了初中好友肖燕，寒暄过后我习惯去翻对方的朋友圈。肖燕的朋友圈除了晒猫和晒自拍，剩下就是加班加到怀疑人生的日常。

她自嘲地说自己还是一如既往地"丧"，接着发来一张她和猫咪慵懒躺在沙发上的照片。照片上的她看着胖了点，她说是睡眠不足导致的发胖，加班加到吐血依然不给升职，她突然觉得日子好乏味好没劲。

我刚想安慰她要不回来发展，她说上海一直是她梦想的城市，虽然日子很单调，也常常吐槽虐心的老板，但她依然想在这座城市生根发芽。这才像她，三年的同桌，我还是了解她的。记得有一次肖燕数学考试没及格，她整日跟我抱怨自己多差劲多没用，考不上重点高中这辈子就废了。

那段时间我受她感染，情绪低落，两人一块颓废了一个多月。在我差点给班主任打请假报告的时候她突然跟我说，缓了一个多月我觉得自己也没那么差呀，结果，她又满血复活了！

现在我才明白，如今的她和那时的她其实是一样的，遭

受失败的打击需要时间释放内心的压力，给焦虑的情绪一个出口，并不是真的不想努力了。哭一场继续走进教室攻克难题，睡一觉依然挤进地铁加班加点。昨天的大雨不会淋湿今天的衣裳，只要有生命就有生活，有生活就有希望。

三毛曾说：偶尔抱怨一次人生可能是某种情感的发泄，也无不可，但习惯性的抱怨而不谋求改变，便是不聪明的人了。

嘴上说了无数次放弃，心底永远有个声音在喊加油，我们只是需要时间缓解悲伤。

02

很多时候，人在痛苦时拼尽力气想要寻求的，只是一个温暖的缓冲地带，慢慢地愈合，慢慢地疗伤罢了。心若向阳，即便"丧"到尘埃也会看到希望。

大哥毕业那年，顺利签约了北京一家网络公司。女友要求大哥去她的家乡发展，闹僵以后两人从此陌路，大哥放弃了女友也放弃了北京城。

张小娴说，一个人的梦想，唯有在另一个人加入时，才有幸福的重量。可当另一个人不愿加入时，梦想只会支离破碎，没了梦也没了她。大哥回到家乡的县城随便找了一份普通的工作，全然没了往日的意气风发。失恋失业双重打击，他的朋友圈充斥着自嘲和颓废，我一度想要屏蔽。

恋爱、工作的不如意比学业更甚，人渐渐磨平了棱角，不再那么热烈那么期盼，处处流露着颓废的感觉。不想明天，也不思进取。

在大哥 28 岁生日的那天晚上，他和朋友喝得烂醉如泥，我去接他的时候忍不住狠狠骂了他一顿，说他是个废人。后来大哥告诉我，他在朋友圈发"我差不多是个废人了"并不是真的打算一废到底，只是想和有同感的朋友一起抱团取暖而已。

再怎么"丧"也不会放弃努力的，给自己一片缓冲地带去愈合，给自己一点时间缓解悲伤。我终于懂得，只要我们相信最后一定会好起来，那失意颓废的时候不必强求自己马上好起来，就像跌倒受伤的人不可能立刻爬起来健步如飞。

03

都说这个社会是讲求回报的，只要你肯努力奋斗。所以你辛辛苦苦加班加点干了一整年，却接到公司部门重组的通知，你被炒了鱿鱼，真的很丧。

都说好看的皮囊千篇一律，有趣的灵魂万里挑一，所以找对象一定要"三观合"。你费尽千辛万苦遇到了有趣的灵魂，最终却还是败给了现实，真的很丧。

都说年轻人要先脱贫再脱单，庆幸你有喜欢的姑娘，也有梦想的远方。可最终你们却因为在哪个城市安家而争吵不休，丢了爱情丢了工作，这样的人生同样很丧。

但我们都知道，人生不如意十之八九。当你遇到了，想哭就痛痛快快地哭一场，不必强颜欢笑，无需求全责备。我们需要时间，需要一片缓冲地带，慢慢地疗伤愈合。即便嘴上说着"我差不多是条咸鱼了"，内心却始终相信总会有翻身的那一天，也一定有一个声音在说："休息好了，就启程吧！"

迷茫和失望都是暂时的，当你觉得自己很"丧"的时候，允许给自己贴上"丧"的标签，因为这种"丧"是情绪的宣泄，是无声的自嘲。但不允许自己一直贴着"丧"的标签，学会温柔地对待自己，一点一点努力改变，一点一点积蓄力量，最终撕掉"丧"的标签。

当你觉得"丧"的时候，不妨给自己一片缓冲地带，歇歇。然后，启程。

专注，是人生最好的增值方式

01

早上吃完早餐，我拿起手机看到学妹给我发了一条消息，她说自己综合测评分数不高拿不到奖学金，难受到想哭。

我没有跟她说大学不只是学习还有其他事情，而是叮嘱她下次得更加努力才好。学妹一向很努力很优秀，由此可见她所在的大学竞争是相当激烈的。

我经历过艰难的高考，却依旧认为大学最重要的事依旧是埋头苦读。大学四年，我的综合测评成绩排名分别是第四名、第二名、第一名、第一名。看到自己一年比一年进步，我更加觉得学习是这一黄金时期最有甜头的一件事。

肖复兴说，学习，是一块馍，你能嚼出它的香味来。但最开始，我也在迷茫中挣扎过，我用了大约半学期的时间摸着石头过河，摸清了自己的方向和擅长的。

拿到大学通知书的那天，我就把新生读本认认真真地看了一遍。原来我们都是一张未经染色的白纸，在大学有无限的可能。我脑海中一直有一个清晰的目标，学习肯定是我最想要的，但除了学习我还想要其他。

社团纳新我报了最火最热的计算机协会，却在面试被刷下了；学生会换届我本打算施展一番雄心壮志，却在初试时败北；竞选班干部时我依旧积极踊跃报名参加，却输给了我室友……

真的非常感谢这一系列的打击和失败。之所以称之为打击和失败是因为最初我真的很看重这些，毕竟当时师兄师姐们都说这些是大学最锻炼能力的地方。

我跑进图书馆掏出课本，边做习题边偷偷抹泪，心里有着说不出的委屈，那时我觉得自己真的很差劲。后来我才明白，大学为我关闭了社团、学生会、班干竞选等一系列的门，必会为我打开一扇学习之窗。

失败了，就当作是在警示我把精力更多地投入到学习中去。

02

在大学，相较于到处参加社团、结交志同道合的朋友，学习真的更适合我，最后我也只做好了学习这一件事。我的切身体会是，大学四年搞好学习、完成学业顺利毕业是最不后悔的一种活法。大学四年看到自己一年比一年进步，我很欣慰，但这份欣慰的背后是我日复一日的坚守和日复一日的努力，这才是重要的。

我的复习计划没搞完，我会拒绝室友逛街购物的邀请；我的习题作业没写好，我会把手机锁进书桌的抽屉里；我的等级考试没通过，我会坚持早起去图书馆占座位……

为了通过九月份的计算机二级考试，我每天打开电脑实操模拟一遍。六十天暑假结束时我训练了不少于五十遍，最后终于通过考试。学妹听了我的经历觉得我很踏实，我说自己是智商不够踏实来凑。

有人问我，你大学一定过得很累吧？我说痛并快乐着，快乐多一些。其实最快乐的是那份踏实感，那份踏实是我内心深处的力量之源，给力量之源不断输送原料的是日复一日的行动。

生活会辜负努力的人，但不会辜负一直努力的人。

03

人生若能够踏踏实实做好一件事，必然会有意想不到的收获。

我有一位朋友特别痴迷摄影，大学四年砸了好几万，走南闯北去了十多个城市，但是每年他设计的明信片、手账式台历都成了校园的爆款。他说，在大学不是一门心思搞好学业就是挖空心思利用兴趣赚钱。

踏踏实实做好一件事，生活总会给你想要的回报。当初计算机协会面试失败，最后我依然靠勤奋通过了计算机二级考试；当初想进学生会发展人际关系，最后我还是交到了趣味相投的好朋友；当初学习没搞好拒绝逛街吃喝，最后拿着奖学金犒劳自己觉得更开心……

我很喜欢怀左师兄说的一句话：当你把一件事做到极致，最后你想要的都会有。大学四年我不敢说自己把学习这件事做到了极致，但我觉得我把学习这件事做好了，最后我想要的也都有了。

我幸运地谈了一场不分手的恋爱，毕业时我们依旧在一起；我利用业余时间去做兼职，积累了不少宝贵的工作经验；我会和学姐相约在体育馆打球，和室友相约去健身房锻炼……一切只因为我在大学把自己认为最重要的一件事做好了，然后再去痛痛快快地做其他我喜欢做的事。

大学的迷茫是没有错的，错的是一直迷茫。其实迷茫只是一种调整状态，而不是停止行动的借口。调整好自己的状态就得收拾行囊启程。

英语四六级过不了，死磕到底；课程挂科了，努力复习；恋爱失败了，让错的人尽早消失在自己的视野中，不好吗？

都说大学是个小社会，不管你是为了兴趣刻苦钻研，还是为了得奖拼命学习，请你记住，选一件你认为最重要的事，把它做到极致、做到最好。如此你才不会迷茫，更不会后悔。

于我那位朋友而言，发展摄影的兴趣来赚钱是他认为最重要的事，于我而言搞好学习是最重要的事。最后我们都做好了自己认为最重要的事，也获得了相应的收获。与其说我们选得好不如说我们选对了，更重要的是，我们一直都不曾放弃过努力。

天赋是会用完的，你得一直努力呀

01

记得初中学习《伤仲永》这一课时，语文老师问大家，仲永泯然众人矣，除了客观原因父亲"不使学"，还有什么原因？

我和同桌展开了激烈的讨论，我认为都是他爹和邻居惹的祸，同桌却认为，问题的核心在于仲永自身的天赋。讨论结束，同桌鼓起勇气站起来，说："仲永小时候天赋异禀，长大后天赋用完了，所以泯然众人矣。"

当时全班很多同学都笑了，语文老师摆摆手让同桌坐下，说道："这个答案很新颖，同时也在告诫我们，不要总被客观因素主导，要充分发挥自身的主观能动性，或许天赋真的是会用完的。"

当时我并不赞成同桌的观点，但在后来的成长过程中，我发现很多天赋异禀的孩子，他们逐渐褪去了光环，与普通人无异。

或许天赋真的是会用完的，我们得一直努力才能保持啊！

02

菁菁是我大姑的孙女，因父亲排行最末，结果我俩同岁。我虽长了她一辈，但我们从小腻在一起打打闹闹，直呼其名毫不忌讳。

她没有上过一节美术课，但临摹能力超级强大，繁盛艳丽的牡丹只需半个小时便可出成品，父亲甚至将她画的百鸟之王凤凰拿回家裱在书房。

菁菁备受赞赏甚至获奖无数的光彩生活在高一那年夏

然而止。她想把更多的时间和精力投入到学习中，便决定将绘画暂时搁置。

一晃七八年她都没再碰过画笔了。上次偶然看到我笔法拙劣的手绘本，她眼里竟生发出一丝羡慕的神情。曾经我嫉妒得要死的天才少女竟然羡慕我。

"现在我没有勇气画画了，小时候那点天分早没了。"她叹了一口气幽幽地说道，"曾经我的梦想是当大画家，认为自己不用刻意去学习、努力去保持，照样画得很棒，那样的日子一去不复返了。"

老舍说，天分高的人如果懒惰成性，亦即不自努力以发展他的才能，则其成就也不会很大，有时反会不如天分比他低些的人。生活中那些天赋异禀的人，他们从小自带光环，走到哪里都会散发出令人艳羡的光芒。可能得到太过容易，人们总以为不需要后天的努力就可以始终拥有天赋，习惯了不那么努力或者完全不努力去保持自己的天赋。

拥有天赋可以说是一种幸运，不幸的是怀有天赋之人放弃了努力，最后沦为平庸。为天赋注入新鲜血液的唯一途径，就是持之以恒地努力。

03

我的一个大学室友小雅，拥有超乎常人的乐感。她曾说自己会弹钢琴是天生擅长的本事，所以从来不会强迫自己刻意去练习。

那次去幼儿园做志愿者活动，老师问我们谁会弹钢琴，给小朋友们演奏一曲。我拉了拉小雅，她却转过头一脸苦相朝我摇了摇头。

回寝室的路上，小雅情绪很低落。她说自己并不是大家眼中的钢琴女神，正儿八经练习几个小时钢琴的经历她都没有过。今天看到小朋友们期待的眼神，她突然就"害怕"了。她怕自己的天赋会辜负自己，她以为天赋是上天赏给自己的礼物，拥有便不再付出辛勤的汗水去浇灌，结果到最后往往消失不见。

克雷洛夫说，有了天才不用，天才一定会衰退的，而且会在慢性的腐朽中归于消灭。天分是神赐的礼物，是上帝的恩宠，可是很多人都不知道，天分需要用努力来浇灌，没有持之以恒地浇灌，天分之花不会结果。

一个人无论怀有怎样惊人的天赋，假若他不为之付出努力，努力把自己的天才技能展现出来，那么他和普通人是无异的。由此看来，拥有天赋并不是一件多么值得骄傲的事，能一直坚持不懈地努力，努力为天赋添薪加火才是值得骄傲的。

生活中很多天赋异禀的人，最后沦为平庸，有的甚至混得比普通人还差，就是因为他们放弃了努力。他们不知道，上帝赐予人类天赋，是在告诫人类，要一直努力才能享受天赋带来的奇迹，才能施展才华，否则等于零。

怀有天赋的人一旦放弃努力，也就埋葬了自身的天赋。现代社会很多人都不拼天赋，只拼努力了，因为天赋是会用完的，只有极其努力，才能看起来毫不费力。

网上有句扎心的话：你在努力，我也在努力，我有根基，和你努力的一样多，你凭什么追上我呢？村上春树说，活着就意味必须要做点什么，请好好努力。那些身怀天赋还拼命努力的人，他们深知努力才是一切的根本。

别让未来的你，嫌弃现在安逸的自己

01

前些年表哥在广州开餐馆赚了一笔钱，我们都以为他要扩大门店的时候，他却把餐馆转手了，回老家提前过起了"退休"生活。

表嫂赶上国家政策生了二胎，小孩刚送进幼儿园，姨父却突然中风偏瘫。表哥赚的钱很快花得差不多了，大年初六他就和表嫂收拾行李南下广州了，打算重操旧业。

不用起早贪黑买菜下厨，不用风里来雨里去进货卸货，也不用揽客算账精疲力竭，这样不用打拼的日子，表哥享受了三年多。不用奋斗的日子的确安逸，然而生活不可能止步不前，眼前的安逸只是短暂的，如果不持续付出很可能烟消云散。

苦难的日子像一只锯木的小虫子，总是在人们贪图安逸的时候，一点一点锯掉他们的美梦。即便你想停下来，也依旧会逼着你往前走。

等到梦醒时分，才惊慌失措地发现，停止努力，真的会一事无成的。人们总是在取得了一些成就以后，不愿付出更多的努力继续向前了。停下来才发现，想要东山再起，得付出比之前更多的努力和代价。

02

上大学时，我们院里有个师姐叫兰露，名字好听，长得漂亮有气质，还是个学霸。曾经给我们做过四六级分享，拿过一等奖学金、生物技能大赛特优奖。她的座右铭是"没有天生的聪明，只有日复一日的努力"。

大二下学期兰露和音乐学院的一个富二代恋爱了。第一次在全校通报批评的白板上看到她的名字，我们是震惊的，后来陆续得知她逃了很多课，考试挂了很多科，最后直接放弃考研。毕业时，兰露没有逃过毕业就分手的结局，更残酷的是大四清考时她依然有两门没过，只能延期毕业一年。她说自己的经历是初恋一场荒唐半世。

延期的那一年，毕业设计时，我和兰露选的是同一个导师的课题，平时交流接触比较多。她说除了努力别无他法，于是又做回了当初那个励志女神。我想，如果她一直不曾放弃努力，努力让自己变得更优秀，结果会不会不同？不用努力奋斗的日子固然甜蜜美好，但是放弃了努力，最后收获的很有可能会是无比残酷的结果。

当初的光荣是自己日复一日的努力换来的，将来的痛苦也是自己不求上进的安逸造成的。不努力很安逸，但安逸的正确打开方式是一直不放弃努力，努力让自己活得丰盛。否则，残酷的现实会在你毫无准备之时加倍还击你，在你落后于别人的时候逼着你向前。

03

不努力到底有多舒服？

想写作，因为写作太苦所以放弃了，不用忍受那些无人问津、拼命告诉自己要坚持的黑暗时光；想考研，因为考研太难所以放弃了，不用忍受睡得比狗晚、起得比鸡早、风里来雨里去的辛苦；想减肥，因为跑步太累所以放弃了，不用忍受身心俱疲、运动损伤、屡屡想要放弃的绝望挣扎……

残酷的现实又有多残酷？

明明你和别人同期开始写作的，别人已经出了书，而你一部小说还没完稿；明明你和别人同时杀入面试的，公司要他淘汰你，原来他只是学历比你高；明明你和别人一起约定减肥的，别人瘦了十几斤，你体重一直飙升从没降过……

很多人渴望安逸，习惯不劳而获，但世界上没有哪样东西是不需要努力就可以得到的。曾经有一句在网上流传的话：不努力的男人面对的是抽不完的低档烟、干不完的体力活；不努力的女人面对的是穿不完的地摊货、逛不完的菜市场。这话并不夸张，而是给大多数普通人敲响的现实警钟，逼着我们承认，安逸的现在并不等于安逸的未来。

即便幸运的你拥有了不需要努力就得到的东西，那也是有人替你负重前行，替你负重前行的人付出的努力不比别人少。不努力固然安逸，但那只是短暂的欢愉，过后的残酷是你意想不到也接受不了的，它会逼着你想要前进。

如俞敏洪所说，你不努力，永远不会有人对你公平，只有你努力了，有了资源，有了话语权以后，你才可能为自己争取公平的机会。

优秀的人，总习惯提前做准备

01

前天去朋友阿秋家，打算借几本书阅读，阿秋带我去书房拿书时，我看到她上二年级的儿子正在做四年级数学基础知识测试卷。

我和阿秋是在高铁上相识的。阿秋毕业于华中师范大学，毕业那年幸运地接了一位退休老教师的班，上岗就有编制。我和阿秋很聊得来，平时也直言不讳，见此情景我问她："这样教孩子会不会拔苗助长？提前学习如果他学得好会不会滋生骄傲情绪？"

阿秋回答说："我的父亲也是这么教我的，提前做准备，当我小学毕业时已经把初中三年的古诗词文言文全背完了。"提前学习了会不会骄傲自满？阿秋的答案是否定的。现在社会是一个充满竞争的社会，比你厉害还比你努力的人比比皆是，你提前做足准备为的是机会来临时有能力去抓住，而不是扼腕叹息。

阿秋说有一次她儿子数学考了99分，班上有好几个考满分的，她儿子回来跟她说："妈妈，我准备得还不够。"我们绝大部分人都是普通人，但世上从来不缺优秀的人，优秀并不是一蹴而就的，而是日复一日做准备、下苦功蜕变而来的。

不怕你不优秀，怕的是你根本没准备。

02

优秀的人，总习惯提前做准备，并且提前准备得越充分，才更加显出自己的优秀。

　　我是一个胆小内向的女生，但在高中英语课堂上表现积极活跃，喜欢上讲台与同学们做分享，后来英语老师选我代表班级参加校园英语演讲比赛。接到通知后的第二天我就写好了稿子拿给老师修改，定稿后每天利用空余时间反复模仿语音语调熟练背诵，一直准备了一个多月。

　　虽然顺利杀入决赛，却遗憾止步四强，但英语老师说我已经表现得非常优秀，有可圈可点的地方。即使最后只得了一本优秀证书，但证书上的优秀二字于我而言是一次突破。我真的变优秀了，平时不爱讲话的我却有勇气上台做演讲，我证明了自己。

　　提前做准备，不打无准备的仗。高中那次经历，我懂得了一个道理：万事皆可提前准备。提前准备得越充分，证明自己优秀的概率越大。

　　我们身边从来不缺优秀的人，这些优秀的人自带光芒，不自觉地就能吸引其他人的目光。记得大一时，我和外国语学院一个大三的师姐阮悦，被招到一场家居建材馆展览主题会做兼职，有很多客商会上台宣传自己的产品。

　　见到阮悦的第一眼我就觉得她特别出众，因为她不仅面容姣好、身形高挑，而且写得一手潇洒的行书。她在展会上用自带的马克笔，在旧海报的反面帮一位客商写了一幅宣传广告。

　　午餐时间，我加了阮悦的QQ，进一步了解她，我惊讶于阮悦师姐几乎囊括外国语学院所有的奖学金，她却笑着说自己有个习惯，就是提前做准备。

每次一领到新书她会利用所有的空余时间提前把书从头到尾自学一遍。正是因为自己做足了准备，所以外籍老师上课的内容，她几乎全部都听懂了，在课堂上才能与老师交谈自如。她英语各方面的能力得到了质的提高，几乎次次考第一。

更震撼的是她提前做的准备，不是简单的翻书预习，而是实打实地理解学习的精髓。高考结束她就列了一系列的学习计划并购买相关资料。

我在佩服师姐的同时也受到一万点暴击，比你好看的人还比你优秀，比你优秀的人还比你努力。她努力用几个月的时间做足了你一年都做不了的准备。然而只有做足准备，才有机会抓住一切可以利用的资源完善自己。如果没有准备好，可能连努力的方向都找不到，更不会有变优秀的可能。

所以，优秀的人都是慢慢变优秀的，优秀的人习惯提前做足准备，把握变得更加优秀的机会。

03

都说机会是留给有准备的人，只有准备充分了，才有上场表现自己证明自己的机会。如果你没有准备好，即使给你一个表现自己的机会，可能表现出的也只是自己的无知。

相信你一定遇到过不带课本讲课却滔滔不绝的老师，可能他们在家里一边吃着饭一边捧着书看；相信你一定钦佩那些在舞台上慷慨激昂做演讲的公众人物，殊不知他们为了登台这一刻幕后所做的准备不是一般人能承受的；相信你一定羡慕那些在面试时淡定自若冷静作答的优秀人才，你问他们敢不做好准备就上场吗？

其实，绝大部分人在一开始都不过是普通人，但他们会默默努力，会逐渐变得优秀，直到争取到属于自己的机会，大放光彩，在背后他们付出的是百倍甚至千倍的准备。机会永远只留给有准备的人。每年春晚，特技演员的表演给我们的感受是感动和震撼的。台上一分钟台下十年功的艰辛准备，确保他们表演时万无一失。这种准备是以年为计量单位的，不是三天打鱼两天晒网，更不是临阵磨枪。

优秀并不是与生俱来的，他们只是习惯了提前做准备，不为处处领先别人出风头，只为关键时刻能够证明自己足够优秀，获得自己想要的机会。提前做准备是优秀者的习惯。只有准备好了才有上场的可能，才有机会证明自己，才能让别人看到你的优秀。

所有美好，终是源于永不放弃的坚持

01

最近一直在思考一个问题：将一件简单的事一直坚持下来，会是怎样一种体验？

我的答案是，会收获令自己都惊叹不已的结果，会觉得生活特别有意义，会遇见更多的美好。如爱因斯坦所说，只要你有一件合理的事去做，你的生活就会显得特别美好。

记得有一年校运动会，我一时兴起报了 800 米长跑。参赛前负责人反复确认我能否坚持跑完全程，我信誓旦旦表示没问题。结果刚跑一圈我就呼吸困难，喉咙像感染了一样难受，在我即将瘫软倒地的瞬间，同学将我扶住送回了宿舍。

不运动起来，就不会知道原来自己体质这么差。人世间有很多事可以重来，但生命一旦逝去便再也无法挽回。自那件事以后，我坚持了长跑。一跑就跑了八年，到今天长跑依然是除瑜伽以外我最爱的一项运动。

因为坚持长跑，我的体重一直保持在两位数没有变过，个人饮食除了不吃辣几乎没有任何禁忌。将长跑这件事坚持下来的我，最自豪的一件事就是大学四年 800 米长跑四次都是小组第一名。通过坚持长跑，我获得了一种力量，对自己身体健康的信任，并且坚持得越久那股信念就会越深。

所以别人惊叹我怎么吃都不胖的时候，别人羡慕我去商店买衣服速战速决几乎都选最小码的时候，她们并不知道改变我的不过是一件小事，然而只有坚持才是这件小事发生作用的前提。

坚持真的是一种力量，一种治愈一切的力量。

02

上高中的时候，学校里有一位叫黄玲的师姐，我一度将她当成榜样。我不知道她坚持多久背完了一本《新华字典》，我知道的是后来她上了北大。她能考上北大肯定不是因为只背了一本《新华字典》，但她坚持背完一本《新华字典》的毅力和恒心，足以让她离梦想更近一步。

那时他们还没有《现代汉语词典》，只有一本小小的《新华字典》。黄玲的那本《新华字典》几乎被她翻烂了，全都散了页。将一件事坚持做到极致，你想要的最后都会有。能上北大，多少学子梦寐以求。我们在羡慕上帝将幸运的橄榄枝抛向她的时候，更应该看到她背后的坚持。

坚持做一件事，让每个日子都翩翩起舞，唯有如此，才不算辜负生命的馈赠，才不会错过生活的美好。长期坚持一件事，你会清晰地感受到那种不断进步的力量，那是一种化腐朽为神奇的力量。坚持做一件事，你不会想到，人世间竟有如此能让人感到喜悦幸福的事。

清晰地记得小学同学潇潇，因为黑板写字不好看，曾被老师当众狠狠批评，他的脸涨得通红，眼里还滴出几滴泪。后来潇潇成了我们班的劳动卫生委员，每天负责在黑板左边排好值日同学的名字，在黑板右边写上一天的课程。整整坚持了三个月后，他的黑板字与字帖有得一拼。那效果真真切切地惊到了我们。老师告诉我们凡事坚持下去一定是有道理的，坚持的结果会告诉你什么是收获。

好友刘小雨，她妈妈是一名初中英语教师，每天晚饭后会坚持看几页英语词典，一直坚持了十几年。那次我去刘小雨家一起写作业，遇到不认识的单词，她从书房抱来一本《牛津高阶英语词典》，里面都已经被翻得皱巴巴的。刘小雨说从她懂事起她妈妈就喜欢天天抱着词典看一会儿，坚持翻阅英文词典已经成为她妈妈茶余饭后的乐趣。

哪有什么聪明的天才，哪里需要去跟别人比天赋，我们普通人唯一能做的就是将一件件简单的小事坚持到底。

坚持跑步，看着自己肚子上的赘肉一点一点消失，你难道没有想秀一秀身材的冲动吗？坚持读书，写东西下笔如有神，你肯定明白持续有效地输入是随时稳定输出的前提。坚持画画，坚持记账，坚持泡脚，坚持早睡早起……

将这些小事坚持下去的人，他们的生活充满乐趣，生活从不亏待努力又认真的人。

坚持下来的人总是少数，上天偏爱的也是这少数的人。

03

这世间最不缺的是道理，听过很多道理，不代表能过好这一生。很多时候，我们最缺的是行动力，是将一件小事持之以恒地去执行的力量。

将一件自己喜欢而且对自己有益的事坚持到底的人，最后都会喜欢上这种感觉，当坚持已经成为习惯、成为本能，那么越坚持越快乐。坚持一件自己喜欢的事，你会发现生活特别美好，你也会深深爱上这个世界。

坚持下来的人都要经历一个痛苦的过程。这个过程刚开始较容易，越往后越难做到，能持续爬到顶端的人，离成功就不远了。但这个时候往往也是最容易放弃的时候，有的人因为热度已退而精疲力竭，有的人因为自我满足而不愿进取，有的人因为急功近利而看不到希望。

他们不知道再坚持、再忍痛一下，就是幸福的转折点。越过顶端坚持就不再是一件难如登天的事，转而变成一种力量，一种充满成就感和满足感的力量。

所以，只有那些坚持到底的人，他们才是上帝的宠儿，他们才会被上帝眷顾获得自己想要的，他们才会成为别人羡慕的对象。很多碌碌无为的人终其一生都是说得多做得少，假若不再做语言的巨人行动的矮子，相信人生一定会与众不同。

看清目标，便没有时间在路上迷茫

01

一个学妹曾向我求助，她放寒假了，每天宅在家里追剧，饿了吃、困了睡，感觉好迷茫。我问她，在学校感觉怎么样？她说在学校更迷茫，专业不对胃口，课程特别少，感觉学不到东西，想提高自己又找不到方向，想考研又觉得专业没什么前途。

没目标，没方向，没特长，甚至想努力都找不到方向，这是绝大部分大学生的常态。我想起了自己，大学四年，我没有成为校园的风云人物，我也没有泯然众人矣，但我活成了自己，独一无二的自己。

我不讲励志故事，我也没有熬心灵鸡汤，更没有什么捷径和秘诀可以分享，我只是做了大学我该做的事。我上的是一所普通的二本院校，比起轻松考上985，毕业后顺利保送清华的弟弟，我差得太多太远。

　　但我不羡慕弟弟，因为我们不一样。每个人都有不同的境遇，更努力只为了自己想要的明天。大部分同学有时间迷茫，有时间羡慕别人，却没有时间静下心来做自己应该做的事。

02

　　网上说，大学生其实不迷茫，是懒。大一还不懒，大二查出懒癌，大三懒癌细胞扩散了，等到大四便是懒癌晚期。

　　谁的青春不迷茫，所以用迷茫来证明自己青春过？不逃课的大学是不完整的，所以经常逃课就是好学生？大学不谈一场轰轰烈烈的恋爱会后悔，所以谈恋爱成了必修课？

　　很多时候，大多数人都在说的话、都在做的事并不是真理，甚至并不是正确的。可什么都去信、什么都去做的你才是最傻的。

　　大学四年，我没有逃过一次课，唯一的一次早退是为了和闺蜜们庆祝我的生日。我睡懒觉的次数可以用两只手数出来，到了大四，食堂的叔叔阿姨都认识我了，因为我每天会买好几份饭。

　　我那么拼命，就是因为我清楚自己内心到底想要什么。我们从小被长辈教育要好好学习，努力考大学，考上大学就好了。没有人告诉我们考上了大学以后该怎么办。

　　我清楚自己想要什么，并且会努力去争取、去获得，所以拿着奖学金考驾照、买笔记本电脑、办健身卡的人是我，不是别人。没买电脑的时候，我拿着光盘跑去电子阅览室练听力；没办健身卡的时候，我挤进傍晚热闹的操场，坚持长跑。

　　室友去做头发，没有叫我，因为我在图书馆看书；室友去逛街，也没有喊我，因为我躲在某个角落复习。久而久之我成了孤家寡人。我也曾羡慕过身边的同学呼朋引伴，一路欢声笑语，但我从未觉得孤独。我习惯了一个人独处，也享受这种丰盈的孤独。

　　当一个人静下心，往往更能看清楚自己最想要的是什么，明白了目标，便没有时间迷茫。

03

　　毕业聚餐的时候，室友们回忆彼此的第一印象，她们对我印象最深的是我叠得像豆腐块的被子和伏在小书桌上写计划的模样。

　　想起进入大学第一天，我就开始写计划。每学期课表拿到手，我可以制定出一学期的大计划，在大计划的前提下制定周计划。我那么自律，就是为了和别人不一样。我也只经历过一次大学，并且深知时间不可以重来，所以绝不能随波逐流，混吃等死。

　　关于考证，我们可能听得最多的一句就是：考那么多证，毕业以后又没用。可这世上没有后悔药，我们也没有能预知自己的未来的超能力。跟你说考证没用的师兄师姐可能他们已经收获了好几个 offer，就像好心提醒学弟学妹大学不要谈恋爱的师兄师姐，只因他们毕业失恋了。

　　人们总是太习惯讲自己的经验和教训，然后再用过来人的经验以偏概全。可是大学是你自己的大学，你自己不去尝试怎么知道自己到底要什么？大学我考了那么多证，就是为了让自己的未来多一些选择性和可能性。

　　我们无法预知未来，但有个词叫未雨绸缪。用迷茫的时间去泡图书馆，去考一些证，就像是给自己新添了装备一样。比武的时候你的胜算不就比别人大一些吗？我们永远都在羡慕别人，羡慕别人是因为自己没有，其实你也可以努力，努力让自己拥有被别人羡慕的资本。

　　我相信知识改变命运，努力拿了三年国家励志奖学金。我长相平凡，从不刻意追求爱情，毕业时意外收获一份恋情。我知道从哪里跌倒从哪里爬起，英语六级第一次没过，第二次涨了一百多分。

　　他们说我不合群，其实我只是不喜欢低质量的陪伴而享受高质量的独处。他们说我太拼命，其实我只是相信努力就会有回报，而不愿意辜负大学四年时光。

　　这世上没有所谓的感同身受，我们都是普通人，很多事只有自己亲身经历，才会懂得。

04

　　研一的时候，我和好友糖糖一起散步时聊到了自己的大学，我们惊人一致地感受到大学时的努力回报最大。糖糖也是屡次拿过奖学金的人，她说自己只是比别人认真了一些，比别人多做了几件事而已。

　　她印象最深的一次是发展预备党员，和她一起上党课的几个同学都因各种理由没有按时交笔记本，只有糖糖把这件事放在心上，并按时交了作业。那次发展预备党员就她一个人被选上了，其他同学被取消资格。

　　你努力学习，终归是有回报的。等到进入社会，无论再怎么努力好像都徒劳无功的时候，那种迷茫才是最可怕的。我见过很多在大学感到迷茫的同学，他们不知道该怎么努力，或者说往哪个方向努力。大三时我上了一堂职业规划课，老师提了一个问题，大学是边走边选还是选好了再走？

　　很多人习惯纠结，这也是迷茫的重要原因。其实只要一步步往前走就对了，不知道该考研还是该就业有什么好纠结的？该复习考研的时候好好复习备考，该投简历的时候去投简历。你想要的一切完全可以同时要，只是你要在正确的时间做正确的事，该付出努力的时候拼了命地努力。边走边选，你没有时间迷茫，你也没有时间后悔。

　　大学时期我也曾迷茫过，但它没有成为主流，更没有影响我的计划，而只是我失意时候的情绪宣泄罢了。我不算是一个很聪明的人，但是天生的执着让我不甘落后，高中的缺憾我在大学追回来了。但生活不止眼前的苟且，所有的荣誉和光环都会成为过去，只有无尽的未来才可期。

"无论做什么事情，只要肯努力奋斗，是没有不成功的。"借用牛顿的这句名言，与君共勉！

有意义的一天，从不睡懒觉开始

01

你知道洛杉矶凌晨 4 点钟是什么样子吗？每一位科比的粉丝可能都听过这句经典的话，正是因为科比几十年如一日地坚持早起，拼命训练，才拥有了今天的功成名就。

我做不到像我的偶像那样坚持早起，看凌晨 4 点钟的城市，可我做到了不睡懒觉。因为养成了不睡懒觉的习惯，所以我几乎不需要闹钟，生物钟便是生物体内一种无形的"时钟"，具有超强的内在节律性。所以即便我定了闹钟却每次都比闹钟先醒来，等铃声响起将它关掉。你的身体有时会忠实记录你的习惯。

不睡懒觉一个最重要的前提就是早睡，早睡于我而言同样无需刻意坚持，晚上 11 点准时就寝已经成为我雷打不动的习惯。所以熟悉我的朋友都心照不宣，不管聊得多嗨、追剧多起劲，到点了就会互道晚安，关电脑关手机关灯，爬上床睡觉去。

所以我虽然没有坚持早起，但因为我不睡懒觉的习惯，收获也还不错。

02

前几天和发小聊天，看到她发来的一张自拍照，照片上的她神情憔悴面色苍白，我猜到她一定有熬夜的习惯。我问她是工作的原因吗？她说不是，自己已经习惯性熬夜，正在尝试努力早睡。

我也常常在朋友圈里看到有人晒出坚持早睡的打卡记录，通过打卡来监督自己确实需要恒心和毅力。如果一个习惯性熬夜的人没有尝到熬夜带来的副作用，是不会想要努力早睡的。

我们身体的每个器官都有自己的睡眠时间表，"晚间 11 点至凌晨 1 点是肝排毒，需在熟睡中进行；凌晨 1 点至凌晨 3 点是胆排毒，同样需要在熟睡中进行。"相信不少人都知道熬夜伤身，但当身体没有发出疾病信号的时候，重视的人寥寥无几。

不睡懒觉也不去熬夜，随之而来的好处真的是令我惊喜不已。排除遗传因素的话，长痘痘是许多青春期少男少女为之苦恼的一件事，而我二十多年脸上长的痘痘几乎屈指可数。

睡眠质量差也是令现代人感到崩溃痛苦的一件大事，然而我却一直保持着较好的睡眠质量，几乎属于沾床就困的那一类。正因为有较好的睡眠质量，又早已形成一个固定的生物钟，所以到点自然醒，开启一天的工作日常，如此便能良性循环。

毕竟人的生命有三分之一是在睡眠中度过的。在排除遗传因素和特殊情况，确保身体健康的前提下，如果大家能做到不熬夜，次日无需用睡懒觉来补眠，从而形成规律的作息时间，相信同样可以摆脱很多皮肤问题，拥有一个良好的睡眠质量。

03

我有一个超级爱谁懒觉的表哥，每次去他家玩，都要等到中午吃饭才看见他从房间走出来，几乎每次都是睡眼惺忪。因为他习惯深夜工作，次日睡懒觉补觉。在恋爱失败，身体垮掉，工作不顺心的一系列打击下，表哥去年在家休息了一年。

那次表哥无意中看到我的日常计划表，上面的字迹一丝不苟，时间安排也很合理，他自嘲说自己把生活过得一团糟，为了改变自己，他决定从制订计划表开始。

我不睡懒觉的第二大收获是每日计划如期完成，即便有时候计划完成度不高我也不会气馁，更不会逼自己，而是选择接受，不带着压力入睡。写计划的好处无需多言，执行计划的力量源自内心。每天清晨起床，翻开计划本有条不紊地去完成每项任务，入睡前看着一项项任务被划掉，内心充满欢喜和力量。

对于不睡懒觉，我最大的收获就是生活越来越自律，因为自律，我拥有了更多无压力时间。睡懒觉的最大感受就是，总是会不知道时间都去哪儿了？其实时间是最公平的，每个人每天都只有 24 小时，若是不珍惜，失去的时间也永远不会再回来。

睡懒觉并不是一件值得享受的事，因为向夜晚借了时间，所以要用白天睡懒觉的时间来弥补，如此陷入恶性循环。恰当的时间要用来做恰当的事，否则只会本末倒置、得不偿失。一个人晚上睡觉的时候，从来不会有人说他是睡懒觉。不睡懒觉我得到的收获恰恰是用来改掉睡懒觉这个习惯的良方。或许，好的结果和好的习惯是相互作用的。

"周末我要睡懒觉"这句常见的话，使大家常常陷入补觉的误区，以为缺失的都可以补回来，但现实情况却是越睡越累，越睡越没劲。想要拥有一个良好的睡眠，其实无需刻意补觉，有时在中午的时候打个盹、睡半个钟头，反而会更有效果。

所以，我们不能早起没关系，只要我们养成不爱睡懒觉的习惯就会有所收获，一样可以迎接每一天初升的太阳，拥有充实的一天。

拖延症不是因为懒，而是你"怕"了

01

前几天去表弟家，听姑妈说表弟英语六级又没过。我翻了翻他书房的英语试卷，除了几套听力题有潦草划过的痕迹，整套试卷崭新如故。

表弟向我抱怨自己太懒，拖拖拉拉一学期过去了，就听了几个听力。第二次差点弃考，因为知道自己毫无准备就去考试一定会挂科。当然最后的结果如他所想，依然没过。

我问表弟游戏打到哪个段位，他沮丧的脸上顿时泛出光彩。他炫耀自己打排位赛有多厉害，诚然，他在游戏世界里驾轻就熟，然而当我问他是不是怕英语六级时，他点了点头，承认因为两次没考过，心理压力挺大的，并且越临近考试心里越焦虑，越焦虑越行动不起来。

抱怨自己拖延，抱怨自己懒，却能每日坚持打游戏，并且越打信心越足，而被抛弃的英语六级考试却是越临近考试越恐惧。这种状态其实是很多拖延症患者的共性，抱怨自己懒，然后将某件事一拖再拖而不去完成，随着时间的推移已经对无法完成的事情产生了恐惧心理。

《拖延心理学》里曾说，拖延既非恶习，也非品行问题，而是由恐惧引起的一种心理综合征。

02

我曾经一口气买了十多本世界名著，信心百倍，计划在半年时间内完成名著的阅读并写读后感，笔记本和签字笔也都备齐。

可是大半年过去了，我的名著勉强看完三本，看着台历上的日期一天天被划掉，内心深感焦虑不安，后面连一页都看不下去了。站在书房的窗台边，我望着书架上的十多本名著问自己，我一直拖延着难道是因为提前预知了自己完不成任务，知道自己会心生恐惧感，所以用拖延来抵抗吗？

事实的确如此，我用拖延来远离完不成任务的恐惧，好像拖延得越久，我离恐惧就越远似的。虽然拖延能缓解一时的焦虑，但终究不是长久之计，更像是自欺欺人，并且最终你还是要面对自己没能按时完成任务的事实。

我不停地找各种借口拖延，让读书的计划就此泡了汤，但其他的计划例如跑步、写作、早起我照常启动。换一个角度来说，拖延也许并不是因为我懒，而是我下意识地认为半年时间看十多本世界名著对我而言是很大的挑战。拖延的确能在一定程度上缓解恐惧，但是拖延的副作用太大，常常导致计划一再流产。

03

我有一位平时各项表现都很优秀的师兄，导师常常拿他作为激励我们的榜样。师兄深受导师器重，很早就拿到了自己的毕业课题。

可他迟迟没有开始课题设计，一直拖了半个学期之久才开始手忙脚乱地进了实验室。后来临近毕业答辩不到一个月的时间，他实验的关键数据还没得出，只能申请延期毕业。

导师对他大失所望，当着所有同学的面批评他不上进。后来在毕业聚餐晚会上，师兄在微醺时向我们倾诉了他的心事。

最开始他对课题信心百倍，因为关于课题的研究方向他不仅擅长而且非常感兴趣，所以一心想要做出满意的结果，争取拿到优秀毕业论文，为此迟迟没有开始动手做实验。

他相信自己有能力胜任，所以把大部分时间都用在前期的准备工作上，上网查外文文献资料，实地采样，与已经毕业的师兄师姐交流取经。

时间久了发现实验的有些方面自己的能力也无法解决，

便心生恐惧，恐惧失败，于是更加拖着不做。越是恐惧失败，越是不愿行动，时间越久压力越大，恐惧加深更加行动不起来，最后完全陷入拖延—恐惧—拖延的怪圈无法自拔。

04

有人说拖延症是当代社会的绝症，我也曾觉得拖延症患者是混吃等死的状态，不值得同情。但自从学习了从心理学角度来认识拖延症以后，便觉得拖延症并非无可救药，我们应该深究其拖延背后的原因。

想减肥计划每日跑步，看着跑步机落满灰尘，依旧三天打鱼两天晒网的状态，是因为懒吗？或许是不愿接受自己坚持不了跑步永远是个胖子的真相吧！

想练习口语计划每日打卡，却因找不到适合自己的App 软件而拖延，试完了这个又去试那个，是因为懒吗？或许是不愿意接受自己真的练不好一口流利的口语吧！

想合理消费计划每日记账，好几个漂亮的本本都只写了几页便无疾而终，是因为懒吗？或许是不想面对自己入不敷出的经济状况吧！

……

所以拖延其实不是因为懒，而是因为害怕，害怕自己完不成，害怕自己做不到，害怕面对窘困的自己，因此用拖延来抵挡内心的恐惧。但拖延的副作用很大，所以我们需要调整自己的状态，认清自己，看清现实，换个角度看问题，换种心态看自己。

我一直推崇一句古语：取法乎上，仅得其中；取法乎中，仅得其下。简单来说就是，你给自己定 100 分的目标，可能完成度是 80，你给自己定 80 分的目标，可能完成度只有 60。

我们要做的是接受这一切，承认自己的不完美。看不完的名著下半年继续看，减不掉的肥肉以后继续减，慢慢找准自己的节奏和状态。

因为越逼自己越会焦虑，越焦虑就会越恐惧，恐惧会限制你的行动，你将更加不会去做事。

面对拖延症，我们要学会接受生命原本的样子，接受最本真的自己。不要害怕，无需恐惧，让自己少一点拖延，多一点快乐。

习惯孤独，也能享受孤独

01

年前，小弟放寒假从北京飞来我这里玩了几天。我对他的学习不担心，想了解的是他学习之余的空余时间是怎么安排的。

"你和寝室同学关系处得好吗？平时你们会一起做什么？"我问小弟。

"挺好的，上完课就都去实验室了。周末会约着看个电影吃个烤鱼，打打球什么的。"小弟吃鸭脖结果被辣得不行，起身去厨房冰箱找喝的。

"姐，你是怕我不合群吗？"厨房传来他的声音。

知姐莫若弟，我担心小弟会不习惯孤独的求学生涯，但我的想法似乎是多余的，小弟比我想的强大得多。他说清华的校园和其他学校的校园是一样的，随处可见形单影只的男生女生一个人吃饭，一个人走路，一个人去图书馆。确实，无论在哪一所大学，孤独都是一种常态，或者我更想表达的是，孤独是生活的常态。

有个学妹给我发消息，说她其实大部分时间都不喜欢一群人在一起热闹，有时候特别想一个人去图书馆自习。但她害怕，她说害怕被朋友抛弃，害怕被指责不合群，更害怕的是内心那种被孤独吞噬的恐惧感。她问我，学姐你不怕孤独吗？我对着屏幕笑了，其实我也怕孤独，我甚至全都经历过了她说的那些害怕。

我记得上初中时，一下课有几个女生就手拉着手相约去厕所，叫了我很多次我都没去，因为我确实不想上厕所。其中一个女同学说我不合群，将我从她们的姐妹群踢出去了。那时候我没有手机，更不知道微信，原来踢群就是你再也没有资格融入她们的圈子了。

可她们吃喝玩乐的圈子并不是我向往的呀，所以我觉得毫无损失。后来我阑尾炎复发，一个人疼晕在小诊所的时候，我也更加懂得，人生的痛，只能自己扛。

02

高中毕业那年，我拎着两个超级大的麻袋，一个里面装的是两床被子，一个里面穿的是生活用品，衣服鞋子，还有舍不得卖掉的书。

那天下了公交车，还有20分钟步行才能到家，天色已暗，我使出吃奶的劲儿提起两个袋子快步疾走，然后歇一口气，如此重复。那时的我，真的害怕被孤独的夜色吞没。

到家看到奶奶一个人坐在门口等我，那颗孤独的心才安定下来。放下行李的时候，我的两只手一直抖个不停，第二天手臂肿得碰一下就疼。

我终究还是习惯了孤独，习惯了孤独的人，会发现孤独没有想象的那么可怕。渐渐地，我发现习惯了孤独以后有个好处，就是既能合群，也能独居，既爱热闹，也爱独处。上学的时候，我最期待的课程是体育课。有人说体育课最没意思，我却觉得最有意思，因为只有那个时候我可以放下孤独，痛痛快快地玩耍。

他们都惊讶于我，一个从不出教室活动的同学竟也可以跳出这么漂亮难度系数这么高的跳绳，一个这么孤僻的女生竟有那么强的耐力可以跑完 800 米不当回事。

习惯孤独的人，并不代表拒绝热闹。我也期待同学们在一起聚会、一起吃饭、一起唱歌的热闹。一个人独处的时候我也不放弃爱美的权利，不放弃自己感兴趣的爱好。属于我的那份热闹，我会享受；赐给我的那杯清冽的孤独酒，我也独自饮下。

习惯了孤独的人，爱热闹，也爱独处，既能合群，也能独居。

03

有人问我一个人做过的最孤独的事是什么？

我一个人吃过韩国料理，一个人逛过很长很长一条街，一个人跑去生活超市贪恋家的味道。所以我一个人最爱做的事是逛超市。假若恰好碰上超市播放好听的音乐，那真是一次难得的享受。

记得一个阳光明媚的午后，我去超市邂逅了毛不易的《像我这样的人》。我不会一见钟情爱上一个人，但我会一见钟情喜欢上一首歌：像我这样孤单的人，像我这样傻的人，像我这样不甘平凡的人，世界上有多少人……

有人说，孤独是大学的常态，其实，孤独是人生的常态。但孤独从来都不是一种消极的情绪，或者说它是你身体的一个警报。孤独感可能提醒你，该去会会老朋友啦，该调整一下自己近段时间的状态和生活作息，该出去旅行走一走，看一看美丽的风景，又或者该抽个时间给远方的亲人打个电话问候……

　　真正习惯了孤独并且享受孤独的人，内心是不孤独的，而恰恰是富足的。因为孤独不同于寂寞，寂寞会发慌，而孤独是充盈饱满的。

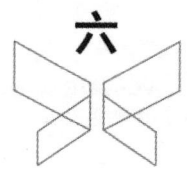

六

所谓成长，是对挫折的思考

余生很长，别因年龄去将就

01

上周表姐生日，姑妈把我们招呼到家里聚了一下。表姐的男朋友全程低着头打游戏，几乎没讲一句话，捧着刚入手的苹果手机难舍难分。

我陪表姐下楼买饮料时，表姐跟我透露了她想今年领证的想法，觉得和男友的日子越过越平淡，认为反正最后总会在一起的，还不如早点结婚。

"姐，你这么恨嫁，他的态度呢？"我问道。

"他倒挺享受这种平淡，从来没有恨娶过，还说把浓烈的爱情演变为平淡的亲情，才叫作谈恋爱。"

显然，表姐已经过够了平淡无奇的日子，对未知的婚姻生活充满向往，而男友对目前的状态比较满足，还没有进入婚姻的打算。

一个这么恨嫁，一个却一点儿也不恨娶，他们在这段感情中成长的速度明显不一致，或许这就是男人和女人对待爱情的差别吧。

生活中我们常常听说"恨嫁女"，却鲜有听闻过"恨娶男"。因为女人一旦陷入爱河，便会为婚姻大事做考虑，但对男人而言恋爱和婚姻是两回事。所以，对于已脱单却未嫁娶的女性而言，恨嫁只会让自己在一段感情中处于越来越不利的局面。与其恨嫁不如调整自己的状态，最怕的是你想嫁对方未必会娶。

好的感情往往是两情相悦，双方恋爱的步调是一致的；好的感情更应当水到渠成，你想嫁的时候他正好想娶。

02

去年，我姐从深圳回老家过年，我妈逼着她相亲，三天时间见了五六个人，活生生把我姐逼成了"恨嫁女"。

我姐说："虽然到了一定年龄，我也很向往结婚，但是我有我的自尊和骄傲，感情宁缺毋滥，坚守原则和底线。"

后来我姐和一个叫王锋的男生看对了眼，我们都以为我姐和王锋是"确认过眼神，遇上对的人"，结果一个月不到他们谈崩了。

　　我姐后来想了很久，认为分手的导火索就是那句"考虑未来两年内结婚要孩子"，别人是冲着谈恋爱来的，我姐却是奔着结婚去的。

　　总是把恋爱当作婚姻的前奏，认定恋爱对象就是未来的老公，这种"恨嫁"的心态无形之中给一段美好的恋情增添了压力。

　　有人说谈恋爱不就是奔着结婚去的吗？其实不全是，恋爱的时候走着走着，有的人走进婚姻的殿堂，有的人却走散了。谁又能保证，最初两个人谈恋爱最后就一定会在一起一辈子呢？

　　遇到真正对的人的确不容易，但投入一段感情时，抱着享受爱情的心态去呵护爱情，而不是恨嫁的情绪去操控爱情，或许结局便会是另一种模样。感情本就是一件水到渠成的事，水到渠成的感情讲求三观相合、势均力敌以及相处时恰如其分、充满智慧的磨合。

　　为什么要给自己设定一个像定时炸弹一样的情绪呢？有时，你越急迫去获得某个东西，这种急迫的心情反而会控制你的言行，让你慢慢远离。这种情绪，从长远讲，不仅对恋爱没有任何好处，而且对人生也会渐渐失去把控。恨嫁的姑娘，除非遇到一个和自己一样迫切想成家的男生。可急着结婚的，又有多少人把爱情摆在了首位呢？

任何时候，若不经审视自己的内心，就仓促去将就一个人，并匆忙跨入婚姻，或许之后会迎来更大的问题，然而等到那个时候去后悔为时晚矣。

03

好友滟滟大学毕业后一直单身。去年是她的本命年。本命年脱单的愿望在相亲十几次无果后，她决心就这么单着。

"谁说女人过了25岁就不值钱了？谁在我面前说这话我跟谁急。"滟滟倔强地说道。

绝大部分女人往往会把爱情幻想得太不切实际，《傲慢与偏见》里面有一段经典的话：大凡家境不好而又受过相当教育的青年女子，总是把结婚当作仅有的一条体面的退路。尽管结婚并不一定会叫人幸福，但总算给她自己安排了一个最可靠的储藏室，日后可以不致挨冻受饿。

记得大学刚毕业那会儿，滟滟说女孩子学业完成以后，首要考虑的就是结婚生子，给自己觅个好夫婿、好归宿。那时的滟滟，多半是恨嫁的。

可至今连脱单都困难，也正因为如此，她才看清，好的爱情是一件两情相悦、急不来的大事，若对爱情有半点急功近利的心态，婚后大抵是不幸福的。

每一个用心等候爱情的姑娘，上天都会格外眷顾她。因为她们永远保有一颗信任爱情的少女心，她们的灵魂是纯洁的。

昨天滟滟发了奖金，请我吃土豪大餐，吃着吃着她哭了，哽咽着说道："其实我很期待婚姻，但我不会流露出恨嫁的情绪。我真的想好了，如果没有对的人，我宁可孤独终老。"

其实，到了适婚的年纪，女孩子都会有恨嫁的心情，但不要让恨嫁的情绪影响了自己对爱情的判断，因为你很有可能会选错。在错误的婚姻中蹉跎一辈子，比起孤独终老一辈子，相信前者更加痛苦，因为后者，至少怀有希望，对爱情的希望，时刻向往美好的爱情和婚姻，但不会刻意去讨好任何人，不会为了房子车子结婚，不会嫁给一个不爱的人。真正的感情是保有自尊与骄傲，拥有原则和底线，充满灵魂和情感的。

感情本就是一件水到渠成的事，恨嫁往往只会适得其反，虽然我们期待婚姻，但比起与错的人在一起相互折磨，倒不如孤独终老。余生很长，别因为年龄到了，就匆匆忙忙做了决定，否则，你将就的当下最终也会对你报以敷衍的未来。

未来太远，不如珍惜眼前人

01

前天，朋友梅子来我所在的城市出差，我请她来家里吃饭。她在楼下水果店挑了点水果，结账时她递过去三张百元钞票，找回来几块零钱。

我和梅子没那么多礼节，平时直来直去习惯了，我埋怨她买的苹果太贵，她反问我八块的是不是要比四块的可口些？

梅子问完这句话突然沉默了，我知道她想起了阿超，她的初恋，那个隔三差五总会提着一袋水果在楼下等她的男孩。

梅子说："阿超估计现在都不知道，他每次买给我的苹果，里面的核儿都已经烂掉了。我只是咒骂水果店老板，从未嫌弃过他不给我买贵的苹果。"

梅子在阿超只够给她买廉价水果的时候想要嫁给他。她觉得这个男孩体贴又细心，知道自己有痛经史，每次送水果时都会避开她的例假期。

后来，阿超慢慢有点积蓄了，他却不再主动给梅子买水果吃了，很多时候他图省事直接转账给梅子让她在网上直接下单。再后来，梅子习惯了所有事都自己解决。当一个人习惯了所有事都自己解决的时候，或许她就不再需要对方了。

阿超曾经很穷，只能给梅子买烂水果，但梅子从不曾动过分手的念头，从未想过要放弃他们这段感情。

女孩子在男孩子穷困潦倒的时候，没想过放弃，图的无非是对方肯为自己花心思，肯为自己浪费时间。

02

曾经，我在某情感论坛看到过一个热门讨论话题。参与话题讨论的仅限女生。讨论的话题是，哪一个瞬间你觉得和心爱的男友不会有未来？

看着别的女孩留下的记忆，我忍不住潸然泪下。他们租过廉价的破旧小屋，连续好几个星期加班蹭饭，甚至向亲朋好友借钱度日……

我的思绪回到一个寒冷的冬日，我和男友翻遍整个衣兜只找到十块钱，跑去楼下商店买了一桶老坛酸菜牛肉面，我吃面，男友抱着桶喝又辣又咸的泡面水。

有那么一瞬间，我觉得我和男友连大街上的乞丐都不如，乞丐起码可以日复一日行使他乞讨的权利，而我们连继续买泡面的钱都没有。

煎熬几日后，男友拿到了出差报销费。下班回来他把两千块钱塞到我手里，说："以后我一定合理安排用度，绝不让你陷入吃泡面的境地。"

我对男友深信不疑。我知道未来他成为富翁的概率如同彩票中奖，但未来他会有房有车有存款，有妻有子有家庭。我只希望那个人会是我。

闺蜜问我凭什么那么天真？我天真的来源或许是因为他有一份稳定的工作和一颗上进的心。因为这两样，是希望。

在男孩子穷困潦倒的时候，女孩子没想过放弃爱情，无非是他曾那么认真地对待过你和你们的未来。

03

去年，我一个快奔三的表姐，终于把自己嫁掉了。表姐兜兜转转十多年，最后还是栽在初恋的手里。

表姐自嘲她不是剩女没人要，她是在等男方在县城买好房，接她住进去。如今愿望成真爱情也圆满了。

被钱打败的爱情，就不能是真爱吗？年轻人通常没有储蓄的习惯，姐夫不幸沦为年光族。过年回家没钱买礼物，表姐说没钱就没资格谈恋爱，姐夫骂她物质，她骂姐夫穷光蛋。

吵不散骂不走的两个人最终结婚了。姐夫像是明白一个真理似的。他说无论跟谁过日子都必须考虑物质，最重要的是，和心爱的人一起考虑才真实。

电影《致青春》，陈孝正未来蓝图的规划里没有郑薇，说是怕郑薇受苦，其实是陈孝正将自己看得比爱情重要。与其说是女孩飞蛾扑火，不如说是男孩的人生蓝图里的确有自己才给人以勇气。蓝图不一定多宏伟，但至少证明他爱爱情胜过爱自己。

在男孩没房没车没存款时，有个女孩愿意陪着你一起努力，她勇气的来源很可能只是你肯把她写进你的蓝图，你爱这段感情胜过爱自己。

情侣吵架时，最易激起我情绪波澜的一句话是，你去找有钱的人呀，为什么赖着我？我想说的是，为什么我不能和你一起变得有钱？我赖着你只因为是你呀！你不是不知道我和别人在一起是不快乐的。

我们爱上的最初，又哪里知晓对方是贫穷抑或富有，又哪里会考虑钱财多少的问题，又怎么能保证一直牵手走到最后？

无欲无求地爱上再到深深地相爱，很多时候只是幸福的起点，还没来得及筑起情比金坚的城墙，就被残酷的现实给击败。

张爱玲在《倾城之恋》中曾写道：海底月是天上月，眼前人是心上人。

可大多数人却都看着虚无缥缈的未来，放开了眼前人的手。爱情对物质最大的误解不是女孩因为现实而物质，而是男孩没明白一个道理，除非孤独终老，最后跟谁过日子都得考虑物质，为什么不可以是眼前人心上人？

我问女孩，他曾经那么穷，你怎么没放弃？

女孩回答，因为我们一直记得爱情最初的模样，我接受他的贫穷，他理解我的物质，然后我们一起慢慢变好。

挥别错的，才有心力追求对的

01

大学毕业那年，室友莞莞和男友分手了，那段时间她突然间像换了个人似的。平时在宿舍最闹腾的她，突然间不爱说话了，连微信朋友圈也关闭了，甚至固执地将自己封闭起来。若不是以前熟悉她，我真的会怀疑她是不是不会说话。

后来也有不少男生向莞莞表白。莞莞跟我说，我已经不爱前男友了，也曾尝试过和其他人在一起，可是我做不到。我好像不会爱人了，失去爱的能力了。

但就在昨天，我们收到大年初六莞莞将在大酒店摆订婚宴的喜讯。她跟我说那个男孩子没有刻意讨好她，但自己就是喜欢他，想和他在一起。她以为自己不会再爱了，却惊喜地发现生命中对的那个人是在自己的本命年遇见。

每一段感情结束的时候，我们都以为这辈子不会再爱了，给自己贴上"爱无能"的标签。可是后来，重新出现了一个足够让你心动的人，他打破了你的以为，你才发现自己不是爱无能患者，此刻很想好好爱他。

02

我也曾有过一段刻骨铭心的错爱。为了他我倾尽所有而他不屑一顾，这份廉价的爱情终因他前女友回国定居而分手告终。四年时光无怨无悔地付出，换来一句我是错的人。分手以后，我每天晚上听着萧亚轩的《错的人》哭得泪流满面。

我拒绝了很多人，对方越是刻意讨好，我越觉得难以接受，因为我想起了当初的自己。连续失眠大半年，望着水池里木梳一推散落一池的长发，看着镜子中形容枯槁的自己，我忍不住放声大哭，这不是我想要的生活。

那句"这不是我想要的生活"像是自心底发出的呐喊，我鼓足勇气向我的心理老师倾诉了内心的苦闷。她跟我说，爱与不爱是本能，本能是人与生俱来不用学习就掌握的本领，所以爱的能力不会丧失。

只是因为我们受了伤，学会了隐藏自己。因为太痛苦，所以我们像刺猬一样，藏起自己爱的能力，披上铠甲，本能地选择不许别人靠近自己，靠近自己的人定会流血受伤。

后来，我打开音乐列表，将萧亚轩的《错的人》从"我喜欢"里移除。错的人是路人，错的经历是过往。

柏拉图说：男人和女人原本是一个整体，来到尘世才把他们分开，但都丢失了自己的另一半，所以世上男人和女人都怅然若失，都千方百计地寻找自己的另一半，这就是男女之间的爱情。

我相信这辈子我会找到我的另一半，与他重逢之时，便是爱复苏之日，我的世界依旧春暖花开。

我会走到他面前，轻声说，原来我等的人是你！

03

奶奶这辈子最放心不下的人是小姑。小姑已经四十多岁，一心一意只顾着打理自己的旅游公司，至今孑然一身。

小姑大学异地恋四年。可毕业的时候，那个男生却跟别人领了证。自那以后，小姑再也没有喜欢过别人，一门心思扑在自己的旅游事业上，关于感情的事只字不提。

年轻的时候对错的人用力过猛，等到成熟以后，遇到对的人，却发现自己早已经遍体鳞伤，已经没有力量再去爱别人。

每年过年回家，爸爸总会有意无意地提到小姑的感情问题。小姑说，假如有一个人想跟我见面，而我恰好也想跟他见面，这样我们才能愉快地在一起喝咖啡。

我想起了西蒙娜·波伏娃在《越洋情书》里的一段话："我渴望能见你一面，但请你记得，我不会开口要求要见你。这不是因为骄傲，你知道我在你面前毫无骄傲可言，而是因为，唯有你也想见我的时候，我们见面才有意义。"

小姑跟我说："我已经有十几年没有谈过恋爱了，对我来说并不是失去了爱的能力，而是没有遇到一个能再让我真心爱上的人。没事儿，再等等吧，我有足够的资本。"

是啊，再等等吧！有爱的能力有爱的资本还担心遇不到爱的人吗？或许正是因为经历了一场刻骨铭心的经年之恋，才终于懂得爱是什么。不肯轻易地选择另一半，不是失去爱的能力，只是没有遇到对的人。

04

　　女生寝室卧谈会有一个问题常常被大家相互问道：哎，你以后会选你爱的人，还是爱你的人？有人说选爱我的，也有人说选我爱的，当时的我感情世界一片空白，真的不知道答案。

　　可是现在，我想说，我都不选。那是要一辈子单身吗？更不会，我只是要等那个我爱他他也爱我的人。莞莞说，如果一辈子都等不到，你这辈子要孤独终老吗？即便这辈子孤独终老，我依然是相信爱情的，依然有爱人的能力。

　　一辈子那么长，我的另一半不也在千辛万苦地寻找我吗？一辈子那么长，难道要和错的人委屈一辈子？一辈子那么长，我才不要将就的爱情，凑合的日子。所以，其实我们一直都不曾丧失过爱人的能力，我们只是一直在寻找，爱的时候无怨无悔，不爱的时候全身而退。

　　每一段能谈长久最终携手的恋情，不是因为对方对你有多好才维持下去的，而是因为彼此相互吸引。相互吸引的爱情，才是好的爱情。并且，我从不认为爱是一种能力，我更愿意相信爱是人的本能，是人的情感。

　　如果我爱你，我会一心一意爱你。如果我不爱你，我会从你的世界彻底消失，因为我要去爱我爱的人。只有告别错的，才能安心地迎接对的。人生的每一分每一秒都弥足珍贵，请别浪费。

感情很贵，"说得着"才能共进退

01

晚饭后，我拿起手机和许久未联系的好友蕊蕊闲聊了几句。

她和男友是经人介绍相识的，然而他们并没有在一起很久。原因看起来似乎很简单：她爸爸得知男生是初中毕业后，坚决反对他们继续交往。

蕊蕊其实并不是真的在意什么学历差距，让她担心的是两个人没有共同话题，相处起来很累。表面看来，这些因素不痛不痒，实际却对以后影响巨大。所以经过深思熟虑后，蕊蕊还是选择分手。

他们分手的原因表面上看是大学学历和初中学历的差距，其实最根本的原因是那句"日后相处会很累"。"相处很累"意思就是沟通障碍、零交流、说不着。而我们都清楚明白知道自己对另一半的要求：心意相通、三观相合。

少女时代我对爱情的看法挺"庸俗"的，认为长得好

看的女生一定会嫁给有品德、有才识的男生，即所谓的
"才子配佳人"。

我有一个邻居，性子温婉又讨喜，脾气不急不躁，任何
时候见到她，一头乌黑亮丽的披肩长发没有一丝杂乱。虽然
她念完初中就辍学了，但我觉得像她这么好看同时性格又好
的女孩，将来一定会嫁给一个有学识、有见地的大学生。结
果她嫁给了邻村一个家境条件不错、同样初中毕业的男生。
那个男生抽烟酗酒还满嘴脏话，我替她感到惋惜。

后来大家聚在一起聊天说起这事，有个女生说："道
不同不相为谋。她初中毕业决定了她的见识、她遇到的人
和事也只是这个水平范围内的。"

那天我像明白了一个真理似的，"道不同不相为谋"
是说志趣不同的人不会在一起共事，对爱情而言不也是如
此吗？"说不着"的两个人会在一起生活一辈子吗？

电影《一句顶一万句》开头有一段令人印象深刻的场
景，民政局里一对夫妻离婚的理由是"说不着"，而牛爱
国和庞丽娜领证的理由是"说得着"。这"说得着"不就
是现代社会人们对婚姻的基本要求吗？

"说得着"和"说不着"绝非是表面说话投不投机的
意思，而是两个人的志向、对事物的看法、对生活的态度
以及自身的物力、财力等相互契合的程度。这才是一辈子
能够长久的保证。

你的学历和见识处于哪个层次，你遇到的绝大部分人和事就处于这个水平范围内，你的另一半很可能就在这个范围内。

02

在明白这些道理以前，我曾不止一次当过亲朋好友的媒人。结果都以失败告终。他们说得最多的一个理由是"没话题"。

我的一个高中好友佳妮，高考失利就外出打工了。有一次过年回家，她半开玩笑让我给她介绍个大学生。

社团联谊活动时我结识了几个老乡，有一个叫范春强的老乡总是让我给他介绍对象。那次我阑尾炎手术，佳妮来学校看我，我把范春强介绍给了她。

他们相处的时间好像没满一百天，范春强说异地恋太辛苦，不想继续下去。我说喜欢的话你毕业一起回老家，他说没有共同话题。

我跑去问佳妮，佳妮告诉我："其实我感觉他挺喜欢我的，我也喜欢他，只是我跟他说我上班的事他不感兴趣，他跟我说他学校的事我也不了解，接不上话。"

没有共同语言、"说不着"是爱情一个最大也最隐形的杀手。

　　我还给念了专科的表哥介绍过一个学妹，因为表哥工作所在的城市是学妹的老家，他们一放假就可以见面。谈了两年的恋爱最后还是以分手告终，学妹在电话里哭得稀里哗啦："我让他自考本科他不同意不说，还不许我考研。他攒够了首付我也不稀罕，我跟他注定不是一路人。"

　　表哥工作踏实，收入不错，每月都会攒下一大半的工资，可他的眼界在学妹看来确实很低，日后学妹读了研跟他的差距又拉开了一大截，估计更说不到一块。

　　与其说是没有共同话题，不如说是没有共同成长、共同进步。

03

　　学历和见识虽然会影响你遇见爱情的模样，但不会影响你爱一个人，一切全在于你做何选择。

　　记得当年高考结束后的大半个月，我和好友媛媛天天跑到镇上的网吧上网。我主要追剧，媛媛则和一个网友聊得火热。大学的第一个寒假，媛媛从学校回来跟我说她恋爱了，对象是那个网友。他们见过面，对方是做销售的。

　　媛媛和男友的爱情经历了两次"考验"。第一次得知男友高中学历，她依然选择和他在一起，媛媛说男友很帅她舍不得分手。

我表面笑她花痴，心里认定他们不会长久的时候，他们跨过了第二重考验，说服家长订了婚。男友攒够首付买了房车以后就开始筹备婚礼了。

媛媛一脸幸福的模样，跟我说："最开始我痴迷他的外貌，大三实习体验生活以后，觉得还是要谈物质，有些埋怨他不思进取，后来他自考本科，工作也更加卖力，终于熬到有了房有了车，我们依然没有走散，我觉得很幸运。"幸运的爱情是，经历过考验、抱怨过嫌弃过彼此、谈过物质、提过要求，却依然只想和对方在一起。

后来我毕业了，经历的事多了，才发现学历的差距在爱情中也很常见。中国科技大学毕业的博士生嫁给了专科毕业的同事阿华，每次聚会大家都会"调侃"他有个学识渊博的博士老婆是什么感受？

阿华说："最开始我是拒绝的，因为觉得自己配不上她，但是我肯学啊，毕业后我做得最多的一件事就是买书。我老婆说到村上春树我不至于一脸茫然以为是一棵树的名字。"

我们听了阿华的话，会心一笑，不管他是开玩笑还是认真的，我觉得此时的阿华已经懂得一个道理：学历差距不可怕，努力去提高自己，和对方一起变好却是一件值得一辈子学习的事。

爱情除了过日子，还有思想的交流和思维的碰撞。学历会影响一个人的见识、思维、素质，但后天的学习同样可以弥补。我听到有人说"我大学毕业绝对不会找一个初中辍学的"。我同样听过"两人相爱就好，学历差多差少无所谓"。其实，一段感情，能不能走得长远，是相互理解、共同扶持，是彼此都能"说得着"，"够得到"。

不可否认，爱情和一个人的格局和见识是有一定关系的，但不是决定性关系。不管如何，你的学历和见识决定了你处的圈子层次和遇见的人、经历的事，那么你遇见的爱情自然就在这个层次和圈子里。

重要的不是差距，而是你愿不愿意为一段感情，去弥补这些差距，努力去提高自己，填平这些沟壑。真正走得长远的感情，是灵魂上的互相契合。假若爱情在学历之前就开了花，一旦爱上，发现差距，是取是舍全在于自己的抉择和为爱所做的改变。

一切太快，唯有爱情需要慢慢来

01

空闲时间，我喜欢泡杯清香的茉莉花茶，丢掉手机捧起木心先生的美文，斜倚在窗台的靠枕上，一页一页品读那些绝美的文字。

诗集《云雀叫了一整天》，以精练的文字传递复杂的情感。自然最爱那首《从前慢》，"从前的日色变得慢，车马邮件都慢，一生只够爱一个人"。

简简单单几句话，道出了爱情亘古不变的真谛，爱情需要慢慢来，过去是，现今是，以后也是。

身边单身的朋友，为不能早日脱单烦恼忧愁过，但令他们痛苦郁闷的不是没有爱人，而是，爱情来得快凉得也快。

就像在知乎上看到的那段话：很快地喜欢上别人，很快地约会，又能很快地不喜欢了，说不喜欢就不喜欢了，就像心上有个阀门一样。

因为，感情的事真的急不来；也或许，我们终其一生，真的只够爱一人。

02

表妹在浙江上大学，喜欢摄影的她趁着年初开学之际，去了一趟美丽的杭州西湖。她最大的收获不是拍了一直期待的景，而是邂逅了一位浙大的才子。

昨晚睡前表妹跟我开了视频，才子向她表白了，她不知所措，惊讶之余是兴奋，兴奋之余则认为才子是在开玩笑。毕竟，他们只见过一次面，微信上的聊天互动也才短短一个月。

表妹承认欣赏才子的才华，而才子喜欢她的简单大方，喜欢她爱写写、爱画画的认真模样。这些理由很般配。只是，才子的表白速度太快了，快到让人觉得没那么真诚。

如今，没了车马也没了邮件，两颗远的心隔着近的屏幕，往往撩得随心所欲，表白得急切热烈，一切都太快，唯独缺了点什么。

我想起了前几天重温的节目《喜剧总动员》，看到演员常远和蒋欣的作品《太想爱你》时，笑着笑着看哭了，最打动我的场景其实是那段路灯下的表白。

常远默默喜欢欣欣很久很久，久到两人已是心意相通。终于他鼓足勇气向欣欣表白，那样表白的他，笨笨的样子惹人心跳不已。

常远说自己是小白兔，蒋欣是小花猫，小白兔问小花猫能和自己在一起吗？蒋欣甜甜的纯纯的"喵"了一声。常远兴奋得跳起来，不停地念："她喵了！她跟我喵了！她喵了！"那场表白多么笨拙多么可爱呀，小心翼翼地试探，含蓄羞涩地比喻，如今这个年代已是少有。

于爱情而言，任何时候，一场真心实意的表白定是一场蓄谋已久的勇气挑战。即便青春不再，依然会流露出青涩笨拙的可爱模样。

03

日本社会活动家池田大作说过这样一段话："结婚是青春的终点，也是奔向幸福人生的出发点。为了让它结出美好果实，千万不要焦急，要慎重，要有诚意。"

镇上张阿姨的女儿阿朵，经人介绍，和一个相识两个多月的男人结婚了。婚后才发现对方有嗜赌的恶习。张阿姨花了两年多的时间才将女儿救出火坑。

如今的阿朵事业小有成就，生活工作都很快节奏，唯有爱情她想要慢慢来。甜蜜两个月后的梦魇虽用两年时间驱除了，伤痛却是一辈子。

上次回老家遇到了阿朵，我们在步行街晃荡了很久。阿朵说："我妈只是催我处个对象早日脱单，我却着急地结婚了，急躁的爱情注定不会美满。"

假若人生能够重新来过，我们真正爱上的人也就那么一两个吧！之所以遇见许许多多的人，还不是为了证明真爱的唯一，还不是为了余生的岁月都要用来等待爱情。

明天是阿朵生日，有个默默关心照顾她很久的男性朋友，预定了饭馆要给她过生日。我问阿朵什么感觉？她说，最美的时光没能相遇，或许余生的岁月都是他吧！

世上没有完美的爱情，但两颗相爱的真心，唯有时间才能看清。

04

有人问，现在的男生为什么不追女生？

我的答案是，追来的爱情终究太累，生活不止是爱情啊，还要生活。现代社会生活节奏超快，时间不允许、精力也不济，并且最后不一定追得到。

其实，不单是男生不追女生了，女生也很少去追男生了。要么一个人默然单恋，要么两个人相亲相爱情投意合。好的爱情注定两情相悦，不必千辛万苦去追寻，无需费尽心机去讨好，而是你爱的人恰好也爱你。这种可遇不可求的相爱，自然需要静心等待。

有人说现在的爱情变质了，可真正的爱情永远不会变质，只是还未遇见。总会有那么一个人，曲终人散时依然只为你守候，物是人非时依然会真心待你。

一生很短，短到只够爱一人；一生很长，长到要用一辈子的时间去验证。宁可把时间浪费在等待中，绝不把时间浪费在不值得的人身上。很多东西都可以急，唯有爱情需要慢慢来。

生活枯燥，仪式感必不可少

01

昨天是朋友的生日，她自己都忘掉了。我提醒她，打算拉她出去吃顿美食，顺便买个小蛋糕好好庆祝一下。

她说，忘掉生日是常事，身边的很多人都是如此。

不是忙，也不是记性差，更不是没钱好好过个生日，就是没有特殊的仪式感，觉得生日与普通的日子无异。

朋友的童年或者说她的青春时代，是自由又自在的，自己签字，自己恋爱，自己处理困难，自己选择大学，到最后她可以自己去做任何的事。

成长的路上她是无拘无束的，但是缺了父母的陪伴，所以她看到的永远是自己踽踽独行的身影，慌张而又匆忙中永远是自己孤身一人。

父母的太过放心、太过相信自己和相信孩子，结果导致孩子太过"自由"，"自由"到任何时刻任何事都随心随意，没有区别对待，更没有区别之分。

经典名著《小王子》里，小王子问小狐狸仪式是什么？小狐狸说，它就是使某一天与其他日子不同，使某一时刻与其他时刻不同。

其他的日子其他的时刻，全都是平平常常普普通通，所以才更加凸显出某一天某一时刻的意义。

02

童年时期我是被彻彻底底放养的，父母几乎没有参与过我的成长历程，我所有的事情全都是我自己一个人说了算。

父母觉得有多大的读书天分就读到多大的层级，有多少好运就享受多少幸运，以至于在我整个读书生涯中，父母只去过我的学校两次。一次是路过转一圈，一次是送我上大学。

除了我还算听话只知道埋头读书外，更重要的原因是，父母操心自己和整个家庭都显得疲于奔命，根本没有时间顾及到我，以至于我觉得自己所有的事情都是我一个人的事，好像跟他们没有关系。

父母永远不会清楚我在学校和生活中的一举一动，我们之间只有一条叫作亲情的纽带拴系着。所有的决定我独自完成，包括心灵的成长、学业的抉择甚至择偶。

这样好吗？简直不要太自由，可也正因为太过自由，才感受不到被重视，所以导致我对特殊的事情、特殊的时刻通常不会特别重视，与平常没有差别地去对待。

所以我也会像我的朋友那样，忘掉自己的生日，忘掉那少得可怜的仪式。虽然我不知道拥有仪式感的日子有多明亮，但缺失仪式感的人生，一定会不完整。

在我看来，仪式感就是某件事在某个日子里显得尤为特殊，并且应该受到特别重视和区别对待。某个时刻之所以显得重要，是因为我们在此刻做出了重要的决定与承诺，而这一刻的决定与承诺是不能轻易推翻的。

人类学家维克托·特纳用"门槛"解释过仪式感，意味着人从一种状态向另一种状态转化的过渡阶段，可见仪式感意义非凡。

跨过这道槛，一切从此变得不一样。

03

上大学时，寝室有一个很精致的室友。她的精致不是长相，而是渗透进对待生活的态度的各个方面。

她对待节日的方式让我觉得有些固执：不同的节日一定会庆祝，庆祝方式非常呼应节日的氛围；亲人的生日一定会祝福，并且祝福的方式相当温馨和谐；生活里偶遇特殊的事件她也一定会拍照留恋，醒目的水印标明那一天是特殊的。

　　有人会说，有钱有闲就是任性，实际上那个室友家境条件一般，她的生活之所以多姿多彩，在于她对于生活始终如一的积极态度。自然是无序的，生活是枯燥的，人生是漫长的，但我们完全可以摆脱乏味的状态，为自己寻找到属于自己的价值。这种价值的源泉正是来自于生活的仪式感，只是需要我们不断去强化这种感觉。

　　仪式感，是一种感觉，这种感觉在某个特定的地点、庄重的时刻，会赋予记忆特殊的味道，特别区别于平淡的日子。而平日的冗长乏味因这日的仪式感，也可以彰显出日子的珍贵意义。

　　仪式不是约束更不是压制，它是内心幸福感的发源地。仪式感是需要从小培养的。诺贝尔经济学奖得主詹姆斯·赫克曼指出：如果成长于高强度压力的环境内，则孩子长大后更可能出现健康状况不佳、滥用精神药物、工作和社会交往困难……总之，两者之间存在着正相关的关系。

　　因此，很多被父母严加看管的孩子，往往丧失掉快乐的天分。他们总是很羡慕那些被父母"放养"的孩子，羡慕他们的自由自在无拘无束。但是，彻彻底底的放养同样会使孩子渐渐无视生活中必要的仪式感，而那些对孩子"形散神不散"的放养式教育，才可以真正培养出刻进骨子里的仪式感和透出外表的幸福感。

世上没有无限的自由，你享受多少自由就得遵守多少规则，自由是建立在规则和约束之上的。规则和约束或许正是仪式感的源泉。世界是残酷的，但正因为有残酷的约束力，才成就了仪式感的美。

很多人觉得仪式感很虚，的确，无意义的仪式感是虚无的。真正值得我们保留和追寻的是承载着丰厚内容和特别意义的仪式感。只有这样，你才能真正从仪式感里感受到生活的美好。

好的仪式感，其实是你热爱生活的一种积极姿态。李思园说，当日子清苦而平淡时，仪式感能让你心怀期望，消除困顿；当日子奢华而浓烈时，仪式感能让你心有所定，化解沉迷。

生活需要仪式感，过去那些被仪式感抛弃的日子再也回不去了。我们不该让仪式感的缺席成为我们今后人生的缺憾，应当学会尽力去弥补，并学着珍重那些在未来的日子里，有仪式参与的地方和时刻。

用一颗充满仪式感的心，对待每一天的平凡日子，日子会闪闪发光，因为我们可以在平凡又琐碎的日子里，找到诗意的生活，找到继续前进的力量，找到不将就的勇气。

人生有限，别用无意义的琐事去浪费

01

生活中，我们常常会听到这样的抱怨：怎么什么都没做，周末就结束了？我每天都不知道在做什么，时间就过去了……

这种不知道时间都去哪儿了的状态，并不是每天有很多事要处理，太忙了以至于时间不够用，而是习惯了散漫，把时间都浪费在无意义的小事上，才感觉时间过得快。

富兰克林说过一句经典的话：你热爱生命吗？那么别浪费时间，因为时间是组成生命的材料。很多人熟知这句名言甚至可以脱口而出，却从来不曾读懂过这句话。时间一分一秒地流逝，就是生命在一点一滴地消耗，如果习惯了把时间浪费在那些无意义的小事上，那么此生注定碌碌无为。

02

当日历被翻到一半，我才猛然惊醒，时间的流逝总是那么猝不及防。我们习惯了用光阴似箭、日月如梭去形容时间的飞逝，但事实上，时间永远是不紧不慢一分一秒地静静流淌，不急也不恼。

我们虚耗光阴几度，常感叹时不我待一事无成；我们碌碌无为半生，才惊觉时日不多诸事未竟，只因为我们浪费了太多的时间在无意义的小事上。曾经，我可以嗑一下午的瓜子什么事儿也不做，我可以追一天的剧连饭也懒得去吃，我甚至可以和老同学叙旧瞎扯一晚上……

那些无辜浪费掉的时间里，那些毫无收获的日子里，我硬生生活成了一个被无意义的小事牵绊、假装很忙实则碌碌无为的人，内心惶恐而又失落。

改变我的是那次和妈妈去外公家探亲，我依旧追剧顾不上吃饭，妈妈一个劲地跟外公数落我的散漫，甚至认为我复读考上的大学也会废掉。外公翻了翻我扔在茶几上空白的英语真题试卷，慈爱地摸了摸我的头说道："傻孩子，看了一天电视即便肚子不饿，眼睛也会累坏的。你要是每天先做张卷子再边嗑瓜子边看电视，那才叫消遣。"

后来外公跑去文具店，给我精心挑选了一个价格昂贵的厚厚的黑皮笔记本，叮嘱我养成写计划的好习惯，多做一些重要有趣的事，少做一些无聊费时的小事，不然辛苦考上的大学真的会荒废。

大学四年，我的学习和生活差不多是在计划中度过的，甚至连空余时间的娱乐也变得有趣。有计划的消遣比漫无目的、毫无节制的散漫有意义得多。

但生活不止大学，大学只是一段旅程，庆幸自己已经养成了按计划做事的好习惯，停止了继续做无聊小事的坏习惯。

03

我们千万不要以为做了一些事，总比什么事都没做要好。持有这种心态的人，真实情况远远比你想的要糟糕，因为这只是你安慰自己罢了。

因加入英语口语俱乐部，我认识了一个英语专业的学姐。她每天都很忙碌，熬夜做活动策划到凌晨、饿着肚子参加俱乐部的活动是常事，还让我帮忙请了几次假。

有一次她低血糖晕倒在教室，我和一个男生送她去了医院，在医院边输液边哭："我已经连续三天熬夜到凌晨两三点才睡觉，昨天为了帮一个学弟看他的论文翻译没顾上吃晚餐，今天早晨买好的包子拿去安慰和男友吵架绝食的学妹……"

突然发现学姐活得好累啊，我相信学弟的论文翻译不止发给了她一人，我也相信和男友吵架的学妹最后哄好她的定是她男友，而学姐做的这一切对她而言，有意义吗？

大三上学期，学姐辞去了团支书职务，退了英语俱乐部，一门心思搞自己的学习，换了新的个性签名：及时止损，不干破事。

后来师姐生日请我吃饭，那天我们敞开心扉聊了很久，师姐说："我以前总是瞎忙，尽干一些毫无意义的破事，把时间都浪费在不值当的小事上。大学最该做的事是搞好学习、养好身体，才有资格谈其他。"

不值得定律告诉我们：不值得做的事情，就不值得做好。别把生命浪费在无意义的小事上。

04

及时止损、不干破事。这句话如醍醐灌顶浇醒了微微沉醉的我。生活中还有那么多的人依旧在做着不值得的事，依旧把生命浪费在无意义的小事上。

本来捧着一本书读得津津有味，谁料遇到一个百思不得其解的知识盲点，于是捧起手机查询资料，却被某条娱乐八卦吸引，看得津津有味，根本停不下来。

本来已经制定好跑步减肥计划，也知道饭后不宜立即运动，决定先追会儿剧消化一下再跑步，结果被无脑的爱情肥皂剧吸引，一集接着一集停不下来。

本来学习五天才迎来一个双休，决心冲个热水澡睡个美容觉，结果躺在床上打游戏全然忘记了地球还在自转，被虐千千万万遍中毒至深依然沉迷其中。

……

生活中任何事都有时间先后、轻重缓急、主次之分，倘若我们傻傻分不清，哪些事于自己而言是有意义的，而哪些事又纯粹是无意义的无聊小事，无疑会白白浪费时间、浪费生命。

别把生命浪费在无意义的小事上，不是要求我们要干一番大事，而是要学会分得清于自己而言，哪些是值得做的事，哪些是不值得做的事。

你认为值得做的事，拼尽全力把它做好、做到极致。你认为不值得做的事，最好及时止损，不要为它浪费丁点儿时间。

缺乏定力，让多少人碌碌无为

01

很久没登录 QQ，昨天才看到师弟的留言，他问我大学最后一次六级考试是否需要参加。他已经被虐了五次，每次都差那么一点点。

想到目前他已经毕业了，我没有提关于六级的事，只问他工作的情况。他说去过几家好一点的公司应聘，都会被问到英语四六级的情况，这似乎成了一块敲门砖。原来，他想着有没有这块敲门砖都无所谓，反正以后工作可能压根儿用不着。可是最后，他去了一家普通的公司。毕业会上大家畅谈工作与未来，而他默默坐在角落不愿讲话。

每次只差一点点，结果却差了一大截，越往后差距拉得越大。每次只差二三十分就可以通过，备考时注意力却被游戏给吸引，为什么打游戏可以有令人惊叹不如的定力，复习备考却不行？

很多时候，无法专心做一件事，不是喜欢与否的问题，而是由自己的态度造成的，因为缺乏足够的定力，去克服当时的困难，去弥补那些缺憾。

随意的行为只配得到随意的结果，并且这种糟糕的体验影响深远。当遇到困难时习惯性选择退缩，而不是坚持不懈地战胜它。因为你的大脑里没有储存用定力战胜困难的记忆。

英语六级通过与否，当然无法决定一个人的前途。但一个人对待某件事时发挥出的定力，可以决定他能够走多远，会有多大的成就。生活中许多无法完成的事、无法战胜的困难，如果多一丝承受和忍耐，少一点放弃和妥协，结果会有天壤之别。

02

5月初，一个朋友给我介绍了一家新开的影楼，想着7月份生日来临，我预定了一组写真套餐。

一个叫久久的女孩负责接待了我。我办完手续全款付清后，她嘱咐我7月初联系她定时间。转眼7月初，我一大早便在微信上跟她留言。

过了很久她发来一条语音："我已经不在那里上班了。"随即发来一个座机号，让我自己联系影楼。

最后，我的事情虽然得到妥善安排，但是我对那个女孩的态度依然感到很失望。我想，即便这份工作干得再痛苦，至少应该把自己负责的客户接待完再离职。5月到7月，短短两个月时间，说不干就不干了。时间之短，足以窥见其耐性之浅、定力之差。

其实，绝大多数人都是缺乏忍耐力，没有足够的定力熬过眼前，体会不到"柳暗花明又一村"的幸福感。

显然，很多人已经陷入一种怪圈，通过换工作来逃避工作本身，其实背后真正的原因还是自身定力太缺乏。把一份工作干得久一点再久一点，积攒足够多的经验和一定量的存款，再考虑继续或是辞职，会有把握得多。

有定力的人，习惯将一件事做到底，做到极致，最后他想要的，时间都会赠予。

03

　　研究生毕业的阿鑫，顺利进入一家薪资待遇颇丰、工作性质稳定的国企。干了一年突然辞职南下，老板极力挽留仍拦不住他要走的决心。

　　阿鑫急匆匆赶去深圳，以为那里有更适合自己的天地，却在半年时间换了三份工作，不是嫌弃熬夜加班伤身就是薪水太少存不了多少钱。

　　与阿鑫聊天，能感受到他话语里若有若无的悔意，庸碌平凡的躯壳在竞争激烈、节奏迅猛的异乡漂泊无依，尝试安定下来，却发现困难重重。

　　一个人对待工作的态度，从某种程度上反映了他人生的高度。那些缺乏耐心毫无定力的人，去到哪里都是三天打鱼两天晒网的庸碌状，也永远尝不到有始有终的幸福感！

　　缺乏定力之人，小到无法坚持自己制定的目标，比如健身、阅读、练字等，大到可以不计前因不顾后果地跳槽，将生活折腾得一团糟。

　　我们总说趁着年轻要勇于尝试，但缺乏定力的尝试往往都是浅尝辄止，最终都以失败收场，因为尝试需要资本和代价，并且要分情况。如果一开始就遇见适合自己的，又有什么理由不为之驻足停留呢？

　　深耕，才能在自己的领域里站稳脚跟。

守住节奏，让生活有序地进行

相信很多人和我一样，隔三差五会把日子过得混乱无序，陷入一片茫然的境地。

小到缺的生活用品迟迟没补齐、想逛街购置换季服装抽不出时间，大到论文提交差点错过截止日期、老板急催的文案加班加点仍一筹莫展。

明明每天都写计划，明明勤奋地加班加点，明明强迫自己要自律，为什么生活还是一团糟？海涅说，反省是一面镜子，它能将我们的错误清清楚楚地照出来，使我们有改正的机会。

通过一段时间的反省，我了解到，自己的生活不定时陷入无序状态的原因是"逢假必玩"。有人疑惑，节假日本来就是用来玩耍的，怎么还成了生活陷入无序状态的罪魁祸首？

因为那些将生活过得井井有条的人，他们节假日的正确打开方式还是劳逸结合。而大多数人的节假日只想安逸不愿劳作，为了假期结束生活能够快速回到正轨并有序地进行，给大家分享一点经验。

01

　　既然要补计划说明一定制定了计划，但是制订了计划并不一定能百分百地执行。我每天都会写计划，但是隔一段时间就会发现，名著阅读的速度没跟上，杂志早该换下一本了，有几页单词落下没有复习……

　　于是，在一个神清气爽的清晨或是一个头脑清醒的午后，我会花半天时间集中精力，把计划都补齐。没赶上进度的名著一口气读完，把新一期的杂志摆在床头，没复习的单词疯狂练习直到熟能生巧……

　　虽是一些小事，但是花时间补齐计划后，我觉得我的计划一直在持续地进行着，并没有荒废，也就拥有了继续前行的动力。

　　生活本就是由一件件小事构成的，把小事写进计划落实到位，生活才会稳步向前。

02

　　每次去打印店打印文件时，我都记不清登录密码；每次填表需要家长信息时，我都给爸妈打电话要……后来我买了一个随身携带的备忘本，上面记录着对我而言非常重要的小事，例如入党时间、社保卡密码、父母生日等。就是这么一个小本子，帮我节约了大把的时间，没有让琐碎小事的连锁反应影响我的心情。

之前每次写报告，我要么去电脑的文件夹里找，要么登录云盘查看是否有记录，再或者在包里寻觅U盘，如此伤神又费时。痛定思痛，我选用云盘建立了资料库，把电子资料统一存放到云盘里，把纸质资料统一放到一个固定的收纳箱里，做好分类。

资料库和备忘录是整洁生活的开始，不仅节约时间保持好心情，生活也变得井井有条。

03

M. 斯科特·派克说，自律是解决人生问题最主要的工具，也是消除人生痛苦最重要的方法。我们都想拥有自律的人生，但绝大多数都在不自律的道路上渐行渐远，泥足深陷痛苦不堪，其中一个重要的原因就是选择太多。

在过去的三个月里，我要求自己养成喝柠檬水、早睡早起、跑步减肥的习惯，结果没有一件事坚持到底。很多时候不是忘了喝柠檬水，就是玩得太累不想跑步，抑或早上起不来。生活质量大打折扣，心情沮丧到极点。直到读到村上春树将早睡早起视为一种简单而规则的生活，我才决定先习惯早睡早起，至于白不白、瘦不瘦，我先不考虑。

自律者的选择通常都是极少的，只做当下最重要的事，如果你什么都想要，最后只会一事无成。

04

生活中令我后悔的事非常少，因为我从不纠结过去。遇见的人或者经历的事，只要是我不愿记起的，我都选择遗忘。

有个学妹因为一段没有结果的暗恋，整个大学都过得沉重压抑。她纠结自己有那么多机会表白却没有勇气，她纠结要不要考研去到对方的城市。三年暗恋、四年强加给自己的失恋，她的青春岁月，整整七年都是停滞不前的。

刘烨在《放下的时候》里唱道："过去的事情不要去后悔，过去的感情难辩错对，过去的时光想起来很无为。我们可以不遗忘过去，但不能纠结过去，因为生活永远是向前的。懂得放下才最美。"

05

相信你的身边一定有这样一类人，他们做事费时少、成果高，即便同时做几件事也能应付自如，归根结底，是因为他们养成了高效做事的习惯。

有人问，人与人之间的差距究竟是怎么拉开的？答案大家可能都知道，水滴石穿、木锯绳断，改变和差距大多是天长日久一点一点拉开的，但核心的原因其实是效率高低造成的差异。现代社会的快节奏生活充满竞争力，学会将事倍功半的习惯弃之，逐渐培养自己事半功倍的高效率做事习惯至关重要。

自从养成高效率做事的习惯以后，我发现时间变得充裕，日子也算顺遂心意，全然没了以前的慌乱。其实时间就如鲁迅先生所说的一样，像是海绵里的水，谁愿意抓紧时间高效率做事，谁就能让生活按照自己的意愿有序地进行。

愿我们都能告别无序的生活，让生活有序地进行。